図解

最新研究でここまでわかった

幕末通説のウソ

日本史の謎検証委員会 編

彩図社

はじめに

突然現れた黒船に庶民は驚き、幕府の役人も右往左往して戸惑うばかり。開国や通商を強いる欧米列強に幕府は抗えず、国内の混乱が収まる気配はない。そんな中、勤皇の志士たちは旧態依然とした幕府を見限り、日本の夜明けを目指そうと奔走した――。

かつて幕末をテーマにした時代劇や歴史ドラマでは、幕府の役人と倒幕を目指す志士について、このように表現されることが多かった。

しかし、**近年は新しい史料の発見や研究により、従来の見方が大きく変わりつつある。**たとえば、不平等条約を押し付けられたとして消極的に見られていた幕府の外交に関して、近年は再評価が進んでいる。江戸時代後半に外国船の来航が頻繁になったことで、幕府はペリー来航の何年も前から開国の必要性を感じるようになっていた。**そのためアメリカとの条約交渉は開明派の幕府役人が担い、ペリーやハリスと粘り強く交渉して日本の権益を守ろうとしていた**のである。

逆に倒幕に向けて団結した薩長中心の新政府に関しても、これまでとは異なる姿が明らかになってきている。

薩摩藩では天皇と幕府との融和を目指す勢力が強く、大政奉還の直前まで倒幕派は主導権を握れなかった。

武士以外から隊員を募って近代的な兵制を取り入れ、四民平等の軍隊だったと思われがちな奇兵隊にしても、実際には身分によって服装に違いがあるなど、身分制の枠から完全に抜け出たわけではなかった。明治維新後はろくな論功行賞もなく解散させられたことも、あまり知られていないだろう。

このような、これまでの研究で明らかになった歴史の新説を通説と比較し、図版を用いて一冊にまとめたのが本書である。

第一章では安政の大獄、池田屋事件、江戸無血開城といった歴史的事件の背景を探っていく。続く第二章では薩英戦争、戊辰戦争、上野戦争などの戦乱を主に説明している。そして第三章では、幕末から明治にかけての社会と政治について記した。

明治維新から150年が過ぎた現在。本書が、幕末という時代をより深く知り、考えるきっかけになれば幸いである。

もくじ

第三章　社会・文化に関するウソ

※日本の出来事の年号は、年は「和暦（西暦）」、月は和暦で表記しています。

第一章

事件に関するウソ

01 黒船に関するウソ

通説 江戸の庶民は黒船に恐怖した

真相 黒船を見ようと庶民は浦賀に殺到した

▼庶民は黒船に興味津々

「泰平《たいへい》の　眠りを覚ます　上喜撰《じょうきせん》　たつた四はいで　夜も眠れず」

ペリー来航後に流行ったとされる、有名な狂歌である。上喜撰とは宇治の高級茶のことで、ペリーが搭乗した蒸気船にかけて、4隻の船に驚いて人々が眠れない日々を過ごしたことを揶揄《やゆ》している。

だが当時の現状は、狂歌の内容とは少し違っていたようだ。平和に慣れきっていた江戸の庶民は浦賀沖に並ぶ巨艦におびえ、大パニックに陥ったかと思いきや、逆に好奇のまなざしを向けており、遠方から見物に来る者もいたという。

鎖国政策を２４０年近くも続けた日本で、長崎以外の人間が外国船を拝む機会はそうなかった。そのため、未知の存在をひと目見ようと、**浦賀周辺には日本中から見物人が殺到した**のだ。

江戸町奉行所だけでなく、幕府老中までが見物禁止の達書《たっしがき》を出しており、その熱狂ぶりがうかがえる。大砲が撃たれたときはさすがに混乱したというが、空砲だとわかるとパニックはすぐ鎮まり、花火代わりに楽しむ庶民もいたという。

ペリーが初来航の際に乗っていたサスケハナ号。船体に防水・防腐用の黒い樹脂を塗っていたため「黒船」と呼ばれた

▼黒船撃退の奇抜なアイデア

ただし、黒船を快く思わない者も少なからずいた。尊王攘夷思想は民間にも広まりつつあったので、外国船を撃退すべしと意気込む者も多かったのだ。

アメリカと通商条約を結ぶかを巡って、幕府は全国の諸大名に意見を求めたのだが、このときに庶民からも広く意見を募集していた。すると**江戸庶民は自分の意見を表明し、外国船撃退作戦を含む、多種多様な案を提示した**のである。

諸大名や庶民の意見をまとめた『逷《てき》蛮《ばん》彙《い》議《ぎ》』には、次のような作戦案が見える。

まずは、水中柵を使った「江戸湾封鎖案」。巨大な木製の柵をいくつも作り、江戸の湾内に沈める。黒船は近海に侵入できなくなって退散するというわけだ。

「黒船水中破壊案」というプランもあった。爆薬をしかけるのかと思いきや、発案者は黒船の船底には小窓があると考え、水中からこれを割ることで黒船を沈めることを提案した。もちろん、黒船の船底に小窓はないので実行は不可能だ。

他には、魚商人を装って船に乗り込み、隙を見て船員を襲い火薬庫を爆破する「海賊案」、遊郭から美人を集めて船員を篭絡《ろうらく》する「ハニートラップ案」、外輪に何本も大縄を絡ませ航行不能にして捕らえる「黒船捕縛案」、先端に銛《もり》をくくりつけた大量の船で体当たりする「船舶特攻案」など、ユニークな作戦案が続々と届けられた。

興味深いのは、**庶民の多くが作戦実行の先陣を希望していた**ことだ。必要な素材の提供を申し出る者もいれば、黒船来航をビジネスチャンスとみた商人も多かった。もちろん、これらの作戦は黒船や船員の実情を知らないままに提案されたので、現実的とは言えず、交渉路線を選んでいた幕府に採用されることもなかった。それでも、「時代に翻弄される弱者」と思われがちな庶民が、この時期には一部とはいえ自由で積極的な考えを持っていたことは、注目すべきことである。

アメリカ人画家ハイネによる、ペリーの横浜上陸を描いた絵画

黒船来航を描いた錦絵（『皇国一新見聞誌 浦賀亜船来航』東京都立図書館所蔵）

02 開国に関するウソ

通説 幕府は黒船来航を機に開国を決めた

◀

真相 海外の情報を得て来航に備えていた

▼黒船来航を知っていた幕府

一昔前のドラマでは、黒船来航は次のように描かれるのが常識だった。

ペリー艦隊が武力を盾にアメリカ大統領の国書受け取りを要求すると、準備不足の幕府に拒むすべはなく、外圧に屈して開国を決めてしまった――。

しかし、こうしたイメージは史実ではない。実際には、幕府は黒船の来航に備えて準備していた。長崎のオランダ商館を通じて、**ペリーがやってくることを事前に察知していた**からだ。

そもそもペリー来航の10年以上前から、アメリカ船は頻繁に日本近海に現われていた。イギリス船やロシア船の来航も増えており、中には通商を求める船団もあった。こうした外国船への警戒感から、幕府はオランダや清国を通じて、海外の情報を精力的に収集していたのだ。

オランダ商館はこれに応え、アメリカ使節がやってくる1年も前から、幕府にアメリカ船の来航に警戒するよう呼びかけた。オランダ商館はペリーの年齢や乗組員の人数まで伝えていたというから、幕府は十分に備えることができただろう。

また、ペリーは嘉永《かえい》6年（1853）4月19日に琉球王国へと上陸していたが、幕府はそれも把握していた。琉球との貿易権を得ていた薩摩藩から報告があったためだ。6月3日にペリー一行は浦賀に到着するが、幕府にとって、このペリー来航は周知の事実だったのである。

こうした情報によって幕府は黒船来航に備えて対策を練り、**有力老中の間ではすでに開国を検討する段階にまでなっていた。**

▼黒船以前の通商交渉

久里浜の応接所へ向かうペリー一行

日本に開国を求めたのはペリーが初めてではない。黒船来航の半世紀以上前に、日本と通商交渉をした外国があった。

最初に交渉を求めた国は、ロシアである。ロシア船は蝦夷地《えぞち》に来航して通商を要求したが、対応した松前《まつまえ》藩はこれを拒否している。この出来事が起こったのは安永7年（1778）のことである。

もちろん、これで外国船の来航が減ることはなかった。むしろ、アジアに市場を拡大するため、エネルギー源の鯨油確保を狙うため、欧米諸国の船舶は、日本近海に頻繁に出没するようになっていく。文政8年（1825）には武力による外国船撃退を許可する「異国船打払令《いこくせんうちはらいれい》」で海防強化を狙ったが、この令は天保13年（1842）に緩和され、物資を与えて穏便に帰国を促すようになっている。

ペリー来航の7年前には、アメリカ海軍のビッドル提督の艦隊が浦賀沖に来航した。**ビットルは大統領の親書受け取りを求めるなど、ペリーとよく似た行動をとっている。**こうした経験から、幕府は再び交渉役が来ることを想像したはずだ。

幕府が開国を決断したのはペリーとの交渉後だが、弘化2年（1845）に老中首座となった阿部《あべ》正弘《まさひろ》は、以前から開国はやむを得ないと考えていた。同年にアメリカ船が日本人漂流民の受け渡しで訪日した際には、将軍を説得して浦賀への入港許可を出している。

また、ペリー来航前から海岸防禦御用《かいがんぼうぎょごよう》掛《がかり》を常設機関にして外交・国防政策を強化し、開明派の大名や幕臣の意見を容《い》れるなど、柔軟な対応もとっていた。こうした動きから、阿部は黒船来航の8年前には開国方針を固めていたものと思われる。

ペリーが来日すると、上層部の対応は冷静だった。徳川斉昭《なりあき》（画像：右上）の支持を取り付けて国書を受け取り、半年後の再来航でも国内世論の統一を図りながら交渉団を指導。条約締結がスムーズにいくよう力を尽くしたのである。

黒船来航時に老中首座だった阿部正弘（左）。アメリカ海軍のビッドル（右）が通商を求めた際には、鎖国を理由に拒否した

03 砲艦外交に関するウソ

通説 ペリーは武力を盾に交渉を有利に進めた

真相 冷静な幕府には恫喝が効かなかった

▼幕府に主導権を握られる

列強各国が途上国に使った外交手段として、**「砲艦外交」**がある。強力な艦隊による威圧をもってターゲットに脅しをかける方法だ。ペリー艦隊の日本に対する態度がまさにその典型例である。ペリーらは空砲による威嚇や、交渉の場での恫喝といった強硬手段に乗り出した。

しかし、幕府も決して弱腰だったわけではない。実は、アメリカの砲艦外交はあまり効果をあげることができず、むしろ日本の交渉団は冷静に対米交渉を進めていた。**アメリカの交渉団は幕府を恫喝するも、逆に幕府側に翻弄され、条約を修正する羽目にさえなった**のである。

ペリーが幕府に国書を提出すると、老中・阿部《あべ》正弘《まさひろ》はアメリカの再来航に備えて交渉人の選抜・育成を進めていた。

このとき阿部が選んだ交渉人に、**林大《だい》学頭《がくのかみ》**（林復斎）という学者がいる。林は儒家のトップで、高い知性と広い見識を評価されて対米交渉の日本側全権委任に選ばれた。この林こそが、ペリーを交渉で打ち破った男である。

ペリーが幕府と交渉したのは、嘉永《かえい》7年（1854）3月のこと。林はアメリカが求める漂着民の保護と物資補給には応じたが、交易は拒否している。するとペリーは、林をこう恫喝した。

「人命第一の我が国とは違い、貴国は船を無差別に攻撃し、漂流民すら罪人同然に扱う。態度を改めぬというなら、我々には100隻の軍艦で攻撃する用意がある」

しかし林は動じず、日本が200年以上平和が続く人命尊重の国であることや、外国船への無差別攻撃（異国船打払令）は廃止済みで漂流民は穏便に送還していることを淡々と説明して、ペリーの主張を一蹴《いっしゅう》した。

　さらには、「日本は外国の品がなくても十分だし、そちらは人命が第一と言ったのに、なぜ関係ない交易の話をするのか」と反論。アメリカは交易要求を撤回させられ、５港の開港要求については「昨年の書簡に地名が指定されていない」として下田と箱館の2港だけとなった。

ペリー初上陸の様子

▼ペリーの恫喝は戦略的なもの

　軍艦を引き連れたアメリカにこれほど歯向かうとは、日本もなかなか強気である。しかし、**ペリーが軍事力を行使しないことは、幕府にも事前に知られていた。**

　アメリカはロシアやイギリス、フランスよりも東アジアへの進出が遅れていたことから、日本と早期に通商条約を結びたいと考えていた。そのため日本に刺激を与えることは控えていた。それにペリーは１００隻の艦隊を派遣すると幕府を脅したが、当時のアメリカにそんなことができる国力はなかった。

　こうした情報を、幕府はオランダを介して察知していた。そのため、アメリカの砲艦外交は十分に効果を発揮できなかったのである。

下田条約を結んだ地である了仙寺の境内で、軍事演習を行うペリー一行

ペリーと幕府の交渉の様子

04 日本の対外交渉に関するウソ

通説 幕府は不平等条約を押し付けられた

真相 粘り強い交渉で譲歩を引き出した

▼認められつつある外交努力

アメリカとの交渉で締結された「日米和親条約」と「日米修好通商条約」は、日本にとって不利な取り決めだった。アメリカに有利な関税率が決められ、さらには治外法権が認められて自国人を守ることができるなど、日本の主権は制限された。そのため、交渉を担った幕府はアメリカの言いなりになったと批判されてきた。

しかし近年では、**幕府は国力が劣りながらも交渉を尽くし、アメリカをうまく譲歩させたと評価されるようになっている**。

和親条約締結後、確かに幕府はアメリカと不平等な通商条約を結んだ。だが、幕府は黙って要求を聞き入れたわけではない。

通商条約交渉は、アメリカ総領事のハリスと岩瀬忠震《いわせただなり》・井上清直《いのうえきよなお》の間で始まった。

ハリスの日記には、自分がいかに条約締結に功績があるかが記されているが、日本側の記録をみると、別の事実が浮かび上がってくる。外国人の自由旅行を求めるハリスに対し、幕府側は攘夷の危険を訴え、行動範囲を開港地周辺へと限定。**条約の草案は修正に修正を重ね、問題なく同意されたのは前文のみという有様だった**。のちにハリス本人も「真っ黒になるほど訂正させられた」と語っており、対日交渉にどれほど苦労したかがよくわかる。

この通商条約により、外交官以外の在留アメリカ人は、居留地外の行動を制限された。このせいで、アメリカ人商人は満足のいく活動ができなかった。

また、通商条約ではイギリスが莫大な利益を上げていたアヘンの輸入も禁止されている。意外にも、アメリカの交渉役であるハリス（画像：右上）による提案である。

アヘンの巨大栽培場を持たないアメリカからすれば、アヘン取引に魅力はない。それならアヘン輸入禁止を交渉のカードとして通商条約を結べばいいと、ハリスは考えていた。折しも、清国が英仏との戦争に敗れてアヘン取引を公式に認めさせられたばかりであったため、ハリスの提案は日本にとって悪いものではなかった。

この他にも、日本側に居留地の建築物を検分する権利が与えられたり、アメリカが日本と諸外国の外交問題に仲介することが規定されたりと、日本側に配慮した取り決めがあった。また、関税は5％と決められてはいたものの、品物によっては35％までの高関税が許されていた。

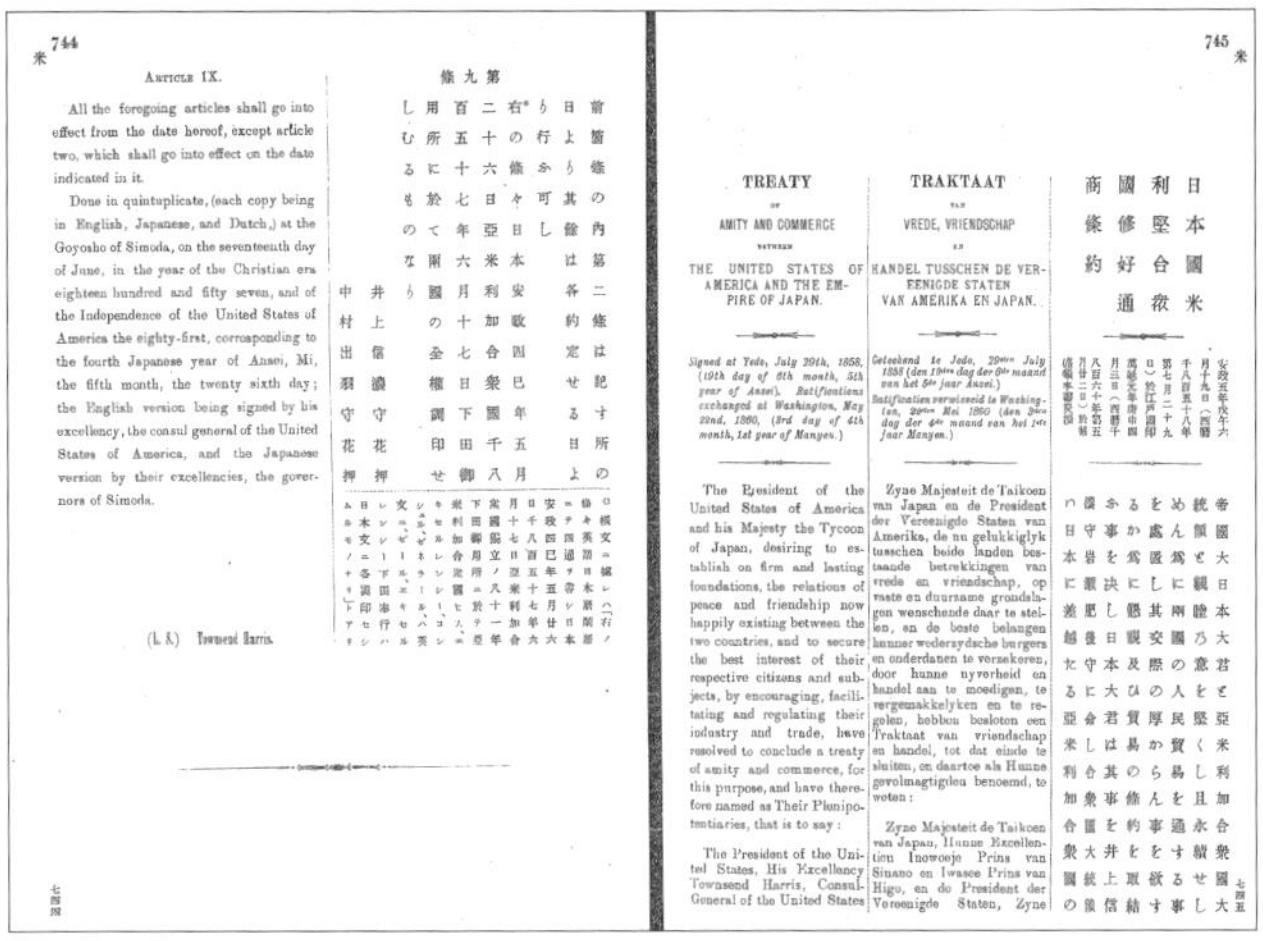
744 米

ARTICLE IX.

All the foregoing articles shall go into effect from the date hereof, except article two, which shall go into effect on the date indicated in it.

Done in quintuplicate, (each copy being in English, Japanese, and Dutch,) at the Goyosho of Simoda, on the seventeenth day of June, in the year of the Christian era eighteen hundred and fifty seven, and of the Independence of the United States of America the eighty-first, corresponding to the fourth Japanese year of Ansei, Mi, the fifth month, the twenty sixth day; the English version being signed by his excellency, the consul general of the United States of America, and the Japanese version by their excellencies, the governors of Simoda.

(L. S.) Townsend Harris.

第九條

前箇條の内第二條は記す所の日より其餘は各約定せる日より行ふ可し

右の條々日本安政四巳年五月二十六日亞米利加合衆國千八百五十七年六月十七日下田御用所に於て兩國の全權調印せしむるものなり

井上信濃守花押

中村出羽守花押

七四四

745 米

TREATY OF AMITY AND COMMERCE BETWEEN THE UNITED STATES OF AMERICA AND THE EMPIRE OF JAPAN.

Signed at Yedo, July 29th, 1858, (19th day of 6th month, 5th year of Ansei). Ratifications exchanged at Washington, May 22nd, 1860, (3rd day of 4th month, 1st year of Manyen.)

The President of the United States of America and his Majesty the Tycoon of Japan, desiring to establish on firm and lasting foundations, the relations of peace and friendship now happily existing between the two countries, and to secure the best interest of their respective citizens and subjects, by encouraging, facilitating and regulating their industry and trade, have resolved to conclude a treaty of amity and commerce, for this purpose, and have therefore named as Their Plenipotentiaries, that is to say:

The President of the United States, His Excellency Townsend Harris, Consul-General of the United States

TRAKTAAT VAN VREDE, VRIENDSCHAP EN HANDEL TUSSCHEN DE VEREENIGDE STATEN VAN AMERIKA EN JAPAN.

Geteekend te Jedo, 29sten July 1858 (den 19den dag der 6de maand van het 5de jaar Ansei.) Ratificatien verwisseld te Washington, 22sten Mei 1860 (den 3den dag der 4de maand van het 1ste jaar Manyen.)

Zyne Majesteit de Taikoen van Japan en de President der Vereenigde Staten van Amerika, de nu gelukkiglyk tusschen beide landen bestaande betrekkingen van vrede en vriendschap, op vaste en duurzame grondslagen wenschende daar te stellen, en de beste belangen hunner wederzydsche burgers en onderdanen te verzekeren, door hunne nyverheid en handel aan te moedigen, te vergemakkelyken en te regelen, hebben besloten een Traktaat van vriendschap en handel, tot dat einde te sluiten, en daartoe als Hunne gevolmagtigden benoemd, te weten:

Zyne Majesteit de Taikoen van Japan, Hunne Excellentien Inowoeje Prins van Sinano en Iwasee Prins van Higo, en de President der Vereenigde Staten, Zyne

日本國米利堅合衆國修好通商條約

安政五年戊午六月十九日（西暦千八百五十八年第七月二十九日）於江戸調印 萬延元年庚申四月三日（西暦千八百六十年第五月廿二日）於華盛頓本書交換

帝國大日本大君と亞米利加合衆國大統領と親睦の意を堅くし且永續せしめん爲に兩國の人民貿易を通する事を處置し其交際の厚からん事を欲するか爲に懇親及ひ貿易の條約を取結ふ事を決し日本大君は其事を井上信濃守岩瀬肥後守に命し合衆國大統領は日本に差越たる亞米利加合衆國の

七四五

日米修好通商条約の条文（『締盟各国条約彙纂』国会図書館所蔵）

▼戦争がないだけよかった？

他のアジア諸国が欧米と結んだ条約と比べると、両条約は厳しくなかったという見方もできる。

清国はアヘン戦争に敗れ、イギリスと「南京条約」を結んだ。中国商人の利権が失われた他、香港の99年間譲渡が決定。翌年の追加条約では領事裁判権の承認と関税自主権の放棄が正式に決まった。

シャム国（タイ）は関税が日本よりも低い一律3％で、のちにフランスと武力衝突し、領土の一部を喪失。ビルマ（ミャンマー）にいたってはイギリスとの度重なる戦争で、植民地となっている。

また、日米修好通商条約には13条で1872年には条約の改正交渉ができる条項が設けられていたものの、**条約改正に関する具体的条文がないことも、他のアジア諸国の場合は多かった。**

対する日本は、幕府が粘り強く交渉をしている間にアメリカの政治事情が変化したため、欧米列強との戦争を経験することなく、条約を結ぶことができた。その後、日本は不平等条約に苦しんだものの、アジアの中ではまだマシだったと言えるだろう。

イギリスの軍艦コーンウォリスにおける南京条約締結時の様子

05 安政の大獄に関するウソ

通説 安政の大獄は攘夷派を狙った弾圧だった

真相 朝廷の動きを牽制するのが目的だった

▼幕府・朝廷内の権力闘争

幕府は天皇の勅許《ちょっきょ》を得ずに日米修好通商条約を締結して、開国に踏み切った。これに対し、「天皇を尊び夷狄《いてき》（外国）を打ち攘《はら》う」ことを重んじる尊王攘夷派の公家や武士たちが反発、その勢いは日に日に増していった。

こうした状況を受け、**大老・井伊直弼《なおすけ》**は権限を利用して尊王攘夷派の藩士や公家、さらには大名までをも処罰。親藩であっても容赦はなかった。対象者は100人以上とされており、吉田松陰《よしだしょういん》（画像：右上）や頼三樹三郎《らいみきさぶろう》など攘夷論者の多くは極刑となったという。この**「安政の大獄」**から、井伊には今でも「弾圧者」のイメージがつきまとっている。

だが、井伊の第一の目的は、攘夷派や開国派を処罰することではなかった。**本来の目的は、独走する朝廷を処分することと、将軍の後継者争いに勝利すること**だった。

2度目のペリー来航時に将軍だった家定は病弱で嫡男がいなかったため、家定が生前のうちに次期将軍を決める必要があった。候補とされたのは、井伊らが推薦する紀州《きしゅう》徳川家の慶福《よしとみ》と、島津斉彬《なりあきら》らの推薦する一橋家の慶喜だ。

この争いでは慶福派が勝利したものの、一橋派には逆転を狙う者があとを絶たず、井伊からすれば気が抜けない状況だった。折しも孝明《こうめい》天皇が、幕府の責任追及と攘夷遂行を求める「戊午《ぼご》の密勅《みっちょく》」を複数の藩に発し、政治的な影響力を高めつつあった。

こうした混乱を鎮めるため、井伊は一橋派を要職から外し、関係者を相次いで捕縛。密勅に関係した公家も自首という形で処分した。これが安政の大獄の処罰対象者である。つまり、**条約に反対する勢力を狙ったわけではない**のだ。

▼そこまで大規模ではない？

安政の大獄によって処罰を受けた橋本左内（左、国会図書館所蔵）と梅田雲浜（右、同所蔵）。左内は処刑され、雲浜は獄死した

　また、処罰された人数も史料によって異なっている。公家の九条尚忠《ひさただ》の書状では、100人ではなく75人。そのうち処刑された者は8人（獄死を含めると14人）で、大半は追放や謹慎処分で済んでいた。これが厳しい弾圧だったといえるかどうかは評価が分かれるところだが、ヨーロッパや中国で起こった弾圧事件と比べると、規模は小さいように見える。

　重要なのは、「大獄」という強い言葉をもって井伊の弾圧を表現した理由はなぜかを考えることだろう。

　まず考えられるのは、全国規模の弾圧だったことから、大規模弾圧というイメージが定着したこと。もう一つは、**新政府による印象操作**である。

　洋の東西を問わず、国の新たな統治者は、旧体制を否定して自分たちの正当性を主張しようとする。薩長を中心とした明治政府も同じで、維新の正当性を示そうと幕末の歴史を倒幕派寄りに解釈し、教育などを通じて世間にその価値観を広めていったというわけだ。

　また、長州藩の維新の功労者に師と仰がれる吉田松陰がこの事件で死刑になったことで、「井伊許すまじ」という反発が政府の中で共有されていた可能性もある。

　とはいえ、経緯はともかく井伊が弾圧事件を主導し、安政の大獄によって攘夷論者と朝廷がダメージを受けたのは事実である。優秀な幕臣を多数処分したことも、長期的にみれば幕府にとっては痛手だろう。こうして井伊は恨みを集め、水戸藩浪士らによって江戸城桜田門外で暗殺されたのである。

桜田門外の変を描いた錦絵（国会図書館所蔵）

06 池田屋事件に関するウソ

通説 事件を機に長州藩は京派兵を決定した

真相 事件の前から京派兵は決まっていた

▼維新の分岐点といえるか？

長州藩の過激派が京市中への放火と天皇の拉致を企んでいるという情報をつかんだ**新選組**は、会合場所の池田屋を捜査。乱闘の末に数十名の長州藩士を捕縛・斬殺した。

この有名な**「池田屋事件」**は、新選組の名前を尊王攘夷派に知らしめた重要な事件として認識されている。また、有力な志士が多数死亡したことから、長州は失地回復のために京への出兵を決めた。この出兵が禁門の変（長州藩が武力で京から追い出された戦闘）につながったことから、歴史的なターニングポイントだとされている。

しかし実際には、**池田屋事件の前から京出兵は検討されていた**。藩主・毛利定広《さだひろ》の参加は事件前日に決定していたのだ。池田屋事件が起きていなくても、おそらく遅かれ早かれ禁門の変は起きていただろう。

そもそもこの事件は謎が非常に多く、歴史の転換点であったという見方は変わり始めている。

事件の3日後に新選組局長・近藤勇が関係者に送った手紙によれば、騒乱のきっかけは、元治《げんじ》元年（1864）6月5日早朝、近江国郷士の古高俊《ふるたかしゅん》太郎《たろう》を捕縛したことにある。

取り調べによって、古高は祇園《ぎおん》祭に便乗して京への放火と天皇を誘拐する計画を自白したという。同日夜、この証言をもとにして近藤らは計画者たちが集会場所とした池田屋を襲撃。尊王攘夷派の多くを捕縛・殺害した――。これが、近藤が残した手紙の大意である。

しかし、事件直後の当事者ならではの

生々しさはあるものの、他の史料との食い違いも少なからずあり、**事件の詳細はよくわかっていないのが現状**だ。そのうえ、ドラマや小説では複数の証言がコラージュされたり脚色が加えられてきたため、史実とのギャップは深まる一方である。

▼証拠に乏しく脚色が多い

そもそも、**尊王攘夷派による京への放火と天皇誘拐計画は、ただの噂にすぎない可能性がある**。この頃は在京中の将軍が江戸に帰府し、京の警備が手薄になると近藤らは懸念していた。こうした背景の中で、前述の計画の噂が流れた。佐幕派は不安になったに違いない。

近藤は古高の自白をもって噂が正しかったとしているものの、供述書には京中放火の記述しかない。それに、この自白は厳しい拷問によって引き出したもので、計画があったという客観的な証拠は乏しかった。そのため、尊王攘夷派一掃を狙う新選組側が捏造したという説もある。

さらに注意すべきなのは、**小説などによる脚色**である。

古高が捕縛されると、池田屋では尊王攘夷派が古高奪還の会議を行っていた。この場を新選組が襲撃するわけだが、**戦闘の詳細は不明**である。

いちおう、近藤勇が事件の回想を残してはいる。近藤と沖田総司、永倉新八、藤堂平助、近藤周平の5人が突入したというが、他の隊士の証言では顔ぶれが異なっており、何が正しいかは不明である。池田屋内の正確な死者数も不明なままだ。

また、**近藤に切られた志士が階段から落ちる「階段落ち」や沖田の吐血など、フィクションでお馴染みの名場面も、確かな記録はない**。いずれも、エンタメとして盛り上げるための脚色の可能性がある。

新選組は古くから、娯楽作品において人気のある題材だが、中には脚色も多く含まれるということを忘れないようにしたい。

1994年に壬生寺で催された新選組の記念祭（朝日新聞社提供）

池田屋事件によって新選組に殺された攘夷派の宮部鼎蔵の墓。宮部の地元である熊本市の墓地にある（© Simasakon／CC BY-SA 3.0）

07 薩長同盟に関するウソ

通説

薩長同盟は倒幕目的の軍事同盟だった

◀

真相

孤立した長州藩の復権が目的だった

▼同盟の目的と真の討伐対象

犬猿の仲だった薩摩藩と長州藩が、戦火を交えた過去を水に流して結成した同盟。それが**「薩長同盟」**だ。京の薩摩藩邸において、薩摩藩の西郷隆盛と長州藩の桂《かつら》小五郎《こごろう》（木戸孝允《たかよし》）（画像：右上）が会談して団結する必要を確認すると、慶応2年（1866）に同盟が成立した。

幕府を倒して新しい日本をつくる起爆剤となるべく、両藩は坂本龍馬の仲介で結束した。薩長同盟はこのようなイメージで捉えられることが多い。

だが実は、条文には**倒幕に関する記述はない**。主な条文は、「長州征伐が再開されれば、薩摩は京と大坂に2000の兵を送る」「戦局が長州有利であれば朝敵解除の工作を行う」「長州の冤罪が晴れれば、両藩は皇国のために力を合わせて砕身する」などだ。兵を送るとあるものの、目的は朝廷へ圧力をかけることであり、幕府を倒すには少なすぎる兵力だ。これでは、軍事同盟だとは考えにくい。

では、この同盟の目的とは何なのだろうか？　それは、**朝敵にされて孤立した長州藩を助けること**であった。

文久3年（1863）8月18日、長州藩はクーデターによって薩摩藩や会津藩などに京から追放され、朝廷への影響力を失っていた。翌年、巻き返しを図ろうと長州藩は御所を襲撃したが、このときも会津・薩摩の軍を相手に敗走（禁門の変）。長州藩の力を削ぎたい幕府の働きかけで朝敵に指定されると、軍事討伐の対象になってしまう（第一次長州征伐）。

幕府に恭順して責任者を処罰することに

なったものの、幕府の締め付けは厳しく、長州藩はまさに崩壊の瀬戸際にあった。薩摩藩は自身を裏切った相手だったが、藩の存続がかかっている以上、**西郷らに頼るしか残された道はなかった**のだ。

一方の薩摩藩も、この段階では倒幕を考えていなかった。**西郷隆盛が構想したのは、有力諸藩による連合政権の樹立**である。これによって幕府の影響力を弱めようとしたが、尊王攘夷派を代表する長州藩が崩壊すれば、幕府の権威が高まって構想を実現できなくなるかもしれないと考えたため、長州藩との同盟を決断したのである。

禁門の変を描いた絵画（『甲子兵燹図（部分）』京都大学附属図書館所蔵）。この戦いで、京では「どんどん焼け」という大火が起こり、２万軒以上が焼失した

▼武力で倒幕を目指すことに

ただし、薩長はある勢力が相手なら、最終手段として武力行使も考えていたようだ。その根拠となるのが、「会津及び一橋などが朝廷を味方とし、要求を拒んだ場合は決戦に及ぶ」という一文だ。

一橋とは将軍・徳川（一橋）慶喜のことである。これに会津藩主・松平容保《まつだいらかたもり》と、容保の弟で桑名藩主の松平定敬《さだあき》を加えた三者が朝廷の後ろ盾を得て国政の重要部分を担っていた。長州征伐を主導し、２度目の征伐を企てたのもこの三者である。研究者は「一会桑《いちかいそう》政権」とも呼んでいる。**薩摩藩は、慶喜らが朝廷工作を妨害するなら挙兵も辞さない覚悟で臨むと、長州藩に約束した**のである。

薩摩藩の家老として薩長同盟締結に尽力した小松帯刀

同盟が結ばれた段階から大きな事件が起きなければ、幕府が滅びない道もあり得たかもしれない。ところが第二次長州征伐が実行されるに至り、事態は変化する。薩摩藩の物資援助もあって、第二次長州征伐は長州藩の大勝で終わったのだ。

長州藩の朝敵指定は解除され、倒幕運動は加速する。公武合体政策も模索されたが、結局、協力関係を築いた両藩は、武力によって幕府を倒す道を選んだ。桂と西郷が予想していたかは定かでないが、結果として、薩長同盟は倒幕への原動力となっていったのである。

八月十八日の政変で京を追われた四条隆謌（たかうた）（国会図書館所蔵）。７人の公家が京から追放されたことを七卿落ちという

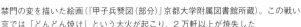

08 薩摩藩に関するウソ

通説 薩摩藩が一丸となって倒幕を決意した

真相 財政赤字もあり藩内での反発は強かった

▼倒幕に懐疑的だった薩摩藩

公武合体政策を推進していた薩摩藩は、西郷隆盛（画像：右上）主導のもと、倒幕派へと方針転換した。西郷は諸藩による連合政権樹立を目指していたが、これを妨げる幕府を討つことで、日本を改革しようと考えるようになったのだ。

一般的に、西郷隆盛は倒幕の推進者だと思われることが多い。しかし長州藩の過激派とは違い、当初は朝廷と徳川の融和を、のちには朝廷の下に徳川と諸藩が連合する政権を樹立することを目指していた。武力倒幕に方針転換したのは、諸藩連合では徳川慶喜に対抗することができないと悟ったからだとされる。

では、この方針転換を受けて薩摩藩はどう動いたのだろうか？　倒幕を決意した西郷に大久保利通らが協力して、藩は一致団結する。そんな展開をイメージするかもしれないが、現実は違っていた。

武力倒幕を決意した西郷や大久保利通に対して、薩摩藩内の反応は冷ややかだった。慢性的な財政赤字で派兵の余力がなかったことに加え、伝統的に薩摩藩は親幕的だった。そのため、反対意見があとを絶たなかったのだ。

もともと薩摩藩は幕府寄りの藩である。家康の時代には徳川と親戚筋の松平家と婚姻関係を結び、徳川吉宗からは徳川本家の養女を正室に迎えていた。

幕末には、島津本家の養女である篤姫《あつひめ》が第13代将軍・徳川家定の正室となっているが、それは歴史的に薩摩が幕府と近かったから実現したのだった。尊王攘夷派もいたものの、藩論として公武合体を唱えている以上、表立って幕府を否定することは難しかった。

▼逼迫する薩摩藩の財政

また、西郷の決定に反対する、より現実的な理由として、**慢性的な財政赤字**を挙げる者も少なくなかった。

薩摩藩は77万石という日本有数の石高だったが、土壌の多くは農耕に適さない火山灰で、実質的な生産力は石高の半分以下しかなかった。

そんな中、島津久光が藩政の主導権を握ると、前藩主・斉彬《なりあきら》が起こした洋式産業事業が一部再開される。さらに軍の洋式化に資金が使われた他、薩英戦争での復興事業にも莫大な予算が投じられた。

薩摩藩が進める公武合体政策のために徳川家定に嫁いだ天璋院篤姫

久光が頻繁に行っていた上洛も、藩の財政を締め付けた。上洛道中の旅費はもちろん、道中の兵や朝廷への貢ぎ物、京の滞在費用は、藩が負担しなければならない。

本州最南端の薩摩藩から京へ行くには、一度だけでも莫大な費用がかかるが、久光は明治維新までに4回以上も上洛を行っている。

禁門の変の出兵費用、薩英戦争の賠償金支払いなどもあって、まさに薩摩藩の財政は火の車。薩摩藩単独の倒幕が非現実的だとされたのも、無理はない。

島津久光（左、国会図書館所蔵）と息子の忠義（右、同所蔵）。両者が倒幕路線に理解を示したことで、西郷らは公武合体派を抑えられるようになった

▼藩主の理解を得た西郷

では、西郷はどのようにして藩論を倒幕路線に固めたのだろうか？　意外にも、**薩摩藩のトップ島津久光は西郷の考えに理解を示していた**。久光が西郷を嫌っていたことは有名だが、雄藩連合による改革という方針には賛同していた。慶喜が主導権を握ってその路線が実現不可能になったことで、徳川家打倒もやむなしと考えるようになったのだ。

藩主・忠義《ただよし》も西郷らに理解を示したことで、藩の全権は倒幕派が事実上掌握。反対意見を藩主の後ろ盾で従わせることで、薩摩藩はようやく倒幕路線を目指せるようになったのである。

その後も藩士の反発はなくならず、西郷の暗殺まで計画されていたが、倒幕派はなんとか藩を完全掌握した。その約1カ月後の慶応3年（1867）10月に大政奉還が起きたことを踏まえると、まさにギリギリのタイミングであった。

09 孝明天皇の崩御に関するウソ

通説

岩倉具視は私怨を抱いて天皇を暗殺した

真相

岩倉が天皇を恨んでいた証拠はない

▼孝明天皇の不自然な崩御

天皇家は武士の時代に権力を衰退させたが、幕末の政局では主要なプレーヤーとして返り咲いた。欧米列強によって幕府の権力が動揺するなか、尊王思想に影響を受けた武士たちが天皇の権威を背景に、この難局を乗り切ろうとしたからだ。そんな時期の天皇が、**孝明《こうめい》天皇**である。

孝明天皇は外国人を忌避し、開国に懐疑的で、尊王攘夷派から支持を集めていた。といっても、幕府に敵対したわけではなく、むしろ幕府と朝廷の関係強化を目指す「公武合体」の推進者であった。

そんな孝明天皇のもとで幕府と朝廷は協力関係を築いていったものの、天皇は突如として亡くなってしまう。天然痘が原因だと発表されたが、その崩御《ほうぎょ》には不審な点が数多い。

病の発症から10日後には回復に向かったとされているが、間もなく病状が急激に悪化して、天皇は亡くなった。死ぬ前に体には紫色の斑点が生じ、吐血・出血があり、最期は「御九穴から御脱血」するほどの大出血だったという。

孝明天皇

この不自然な病状悪化に、**毒殺を疑う声**は幕末の頃からあった。孝明天皇の側近・中山忠能《ただやす》の日記には、「悪瘡《あくそう》発生の毒を献じ候」と書かれた大奥老女による手紙の写しが残されている。あくまで噂のレベルではあるが、**公式記録が残されていないため、死因は今も謎のまま**である。

▼岩倉は天皇を恨んでいたか？

暗殺説をとる場合、気になるのは実行犯の正体だが、その最有力候補は尊攘派の公家・**岩倉具視**（画像：右上）である。

岩倉は王政復古による新政権樹立を目指す、朝廷内でも指折りの尊攘倒幕論者だった。しかし、公武合体派の孝明天皇がいては倒幕は難しく、急進派にとっては邪魔な存在であった。そこで岩倉は天皇に接近しやすい公家の立場を利用し、病床の孝明天皇に毒を盛って殺害。天然痘に罹《かか》ったのを好機として、病に見せかけ毒殺したというわけである。

こうして岩倉は若い明治天皇を即位させ、倒幕派の有利を作り上げた。岩倉は孝明天皇から情報漏洩《ろうえい》を疑われて辞官と出家を強要されていたため、個人的な恨みもあったはずだ。そんな考えから、岩倉が孝明天皇の暗殺犯だと言われてきた。

しかし、この説には岩倉が犯人だとする確固たる証拠は何もない。天皇に近づきやすい立場にあり、私的な恨みがあったはずだからという推測に基づいているが、あくまで憶測にすぎず、根拠に乏しい。また、岩倉が天皇に恨みを抱いていたことを示す史料は存在しない。

むしろ岩倉は、孝明天皇を新政権構想の主軸に考えていたようだ。

慶応2年（1866）5月、岩倉は孝明天皇へ「全国合同策密奏書」を奏上している。幕末の混乱を天皇自身の罪として謝罪し、今後の一新を誓うことで天下臣民の心を引き付け、朝廷への協力体制を強固にするようアドバイスを送っている。また、天皇が崩御すると友人への手紙で「千世万代の遺憾」「（これまでの構想が）悉《ことごとく》皆画餅《がへい》となり」と悲しみを綴っている。こうした書状を踏まえると、岩倉にとっても天皇の崩御は想定外だったと考えたほうが自然だ。

孝明天皇の側近の中山忠能（左）とその娘で天皇の側室である慶子（右）。慶子が目撃した天皇の急変を、忠能が日記に記録した

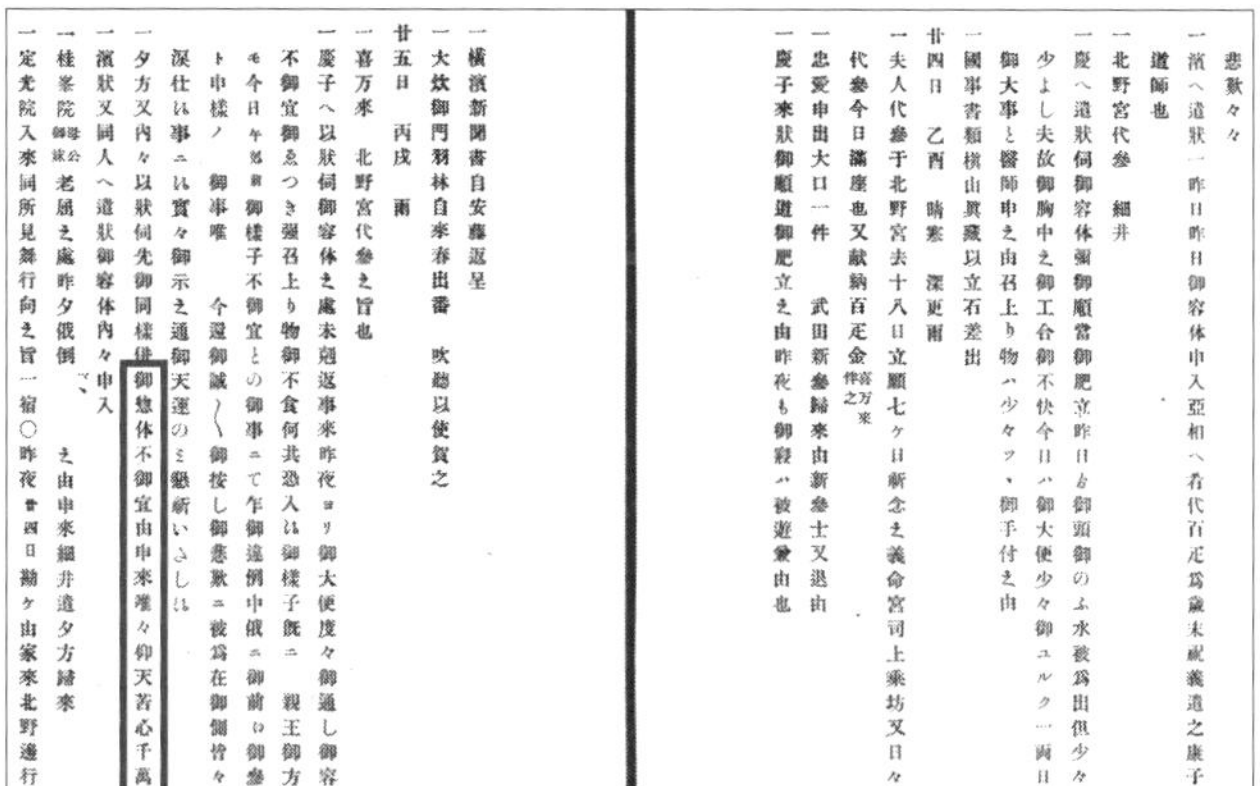

悲歎々々

一滋へ遣狀一昨日昨日御容体申入亞相へ肴代百疋爲餞末祇義遣之慶子筆

遣師也

一北野宮代参　細井

一慶へ遣狀伺御容体弥御順當御肥立昨日ゟ御頭御のふ水被爲出但少々御

少よし夫故御胸中之御工合御不快今日ハ御大便少々御ユルク一両日甚

御大事と醫師申之由召上り物ハ少々ツヽ御手付之由

一國事書類横山貫藏以立石差出

廿四日　乙酉　晴寒　深更雨

一夫人代参于北野宮去十八日立願七ヶ日祈念之義命宮司上乘坊又日々令

代参今日滿座也又献納百疋金作之

一忠愛申出大口一件　武田新参歸來由新参士又退出

一慶子來狀御順道御肥立之由昨夜も御寢ハ被遊兼由也

一横濱新聞書自安藤返呈

一大炊御門羽林自來春出番　吹聽以使賀之

廿五日　丙戌　雨

一喜万來　北野宮代参之旨也

一慶子へ以狀伺御容体之處未廻返事來昨夜ヨリ御大便度々御通し御容体

不御宜御ゑつき強召上り物御不食何共恐入候御樣子既ニ　親王御方ヲ

モ今日午刻前御樣子不御宜との御事ニて乍御違例中俄ニ御前ロ御参り

ト申樣ノ　御事唯　今還御誠〳〵御按し御悲歎ニ被爲在御側皆々落

涙仕候事ニ候實々御示之通御天運のミ懸祈いふし候

一夕方又内々以狀伺先御同樣併御惣体不御宜由申來唯々仰天苦心千万也

一滋狀又同人へ遣狀御容体内々申入

一桂寥院御母公老屈之處昨夕俄倒之由申來細井遣夕方歸來

一定光院入來同所見舞行向之旨一宿○昨夜廿四日勸ヶ由家來北野邊行向

活字に翻刻された『中山忠能日記』（国会図書館所蔵）。孝明天皇崩御の前日には「御惣体御宜しからぬ由申し来たり、唯々仰天苦心千万也」（上図赤枠）と危篤の知らせが届いた旨が綴られている

10 大政奉還に関するウソ

通説 大政奉還は慶喜の悪あがきだった

真相 実権を維持するための有効な行動だった

▼攻めの手段だった大政奉還

幕府の立て直しを期待されて第15代将軍に就いた**徳川慶喜**（画像：右上）だったが、体制を整えることは困難を極めていた。幕府は第二次長州征伐に失敗し、武力倒幕を目指す薩長に追い詰められた。結局、慶喜は土佐藩の提案を受け入れ、政権を朝廷に返還する**「大政奉還」**を決断した。

一般的に、大政奉還は慶喜の悪あがきのように思われることが多い。政治のノウハウのない朝廷には政権運営ができないと踏んで大政奉還を決断したものの、西郷隆盛や大久保利通らに先を読まれて慶喜の目論見は外れた。そんなイメージを抱く人もいるだろう。

確かに、結果だけをみれば慶喜の目論見は大きく外れるが、大政奉還直後の状況は複雑で、むしろ慶喜有利に動いていた。

大政奉還の目的は朝廷への降伏ではなく、**政権を自ら返上することで薩長の武力倒幕を未然に防ぐことにあった**。慶喜は政権運営力がない朝廷が幕府を再び頼ると見越し、返上後も徳川家が政治の実権を掌握できると考えていた。そして実際、**公武合体派の有力大名は慶喜の決断を高く評価して新政権の中枢に戻ることを歓迎し、西郷らは政策運営の蚊帳の外に置かれて困惑していた**のである。

慶応3年（1867）12月9日の夕方、明治天皇臨席の上、のちの新政府首脳や公家、雄藩の実力者が出席する「小御所《こごしょ》会議」が開かれた。この会議において、徳川家の所領と慶喜の官位の没収が決定したが、これに不満を抱いたのが、前土佐藩主の山内《やまうち》容堂《ようどう》だ。

大政奉還の様子（邨田丹陵『大政奉還図（部分）』聖徳記念絵画館所蔵）

容堂は大政奉還の功労者である慶喜を蔑《ないがし》ろにすることを不服とし、慶喜の会議出席を求めた。このときは大久保利通、西郷隆盛、岩倉具視によって却下されるものの、この問題を前越前藩主・松平春嶽《しゅんがく》に委ねることを求めて建白書を提出。さらに14日になると、小御所会議のメンバーで皇族の仁和寺宮《にんなじのみや》が、西郷ら身分の低い者を牽《けん》制《せい》する意見書を提出した。これには岩倉も弱気になり、西郷らに妥協案を提案して、慶喜への要求を後退させている。

小御所会議の様子（島田墨仙『王政復古（部分）』聖徳記念絵画館所蔵）

▼慶喜も退かない

一方で、慶喜は強気の姿勢を崩さなかった。王政復古の翌日には、自らの呼称を「上様」とすると宣言。江戸幕府の機構を活かし、全国支配を継続する意向をほのめかした。16日には、アメリカ・イギリス・フランス・オランダ・イタリア・プロイセンの6カ国公使と大坂城で会談し、幕府による外交権の保持を承認させ、19日には朝廷に対し、王政復古の大号令の撤回まで求めている。

小御所会議の結果を不服とした元土佐藩主の山内容堂（国会図書館所蔵）

さすがに朝廷は王政復古の大号令を取り消しはしなかったものの、なんと大政委任の継続は承認。23、24日には再び首脳による会議が召集され、これによって小御所会議の決定は大きく覆ることになった。**慶喜に対する処分は緩和され、土地の提供は有力大名らの議論を経て決定することになったのだ。**このとき、西郷や大久保ら藩士クラスは締め出され、公武合体を唱える大名や皇族が中心となっていた。

当然ながら、倒幕派はこの状況に強く不満を抱いた。強硬派は関東で挙兵したり、江戸市中で犯罪行為を働いたりして、幕府を挑発。耐えかねた佐幕派が江戸の薩摩藩邸に火をかけたことで、慶喜も京への出兵を決断することになる。

11 江戸無血開城に関するウソ

通説
幕府は城を明け渡して新政府に降伏した

真相
いずれ返却されると思い城を明け渡した

▼江戸城は返却予定だった？

徳川慶喜が決断した、**江戸城の明け渡し**。これによって倒幕派の攻撃を回避し、江戸の街は火の海にならずに済んだ。

約260年も徳川家の本拠だった城を敵に差し出すとは、思い切った決断をする、と感心するかもしれない。

ところが近年の研究によると、幕府は江戸開城を、さほど重く考えていなかったことがわかっている。**江戸城の明け渡しは一時的なもので、いずれは幕府に返却されて、慶喜の地位も保証されると踏んでいたのである**。

江戸城は慶応4年（1868）4月11日に新政府へと引き渡され、慶喜は故郷の水戸藩に移された。代わって東征大総督府《とうせいだいそうとくふ》が江戸の治安維持を担うことになったが、この頃の江戸の街は、**治安問題**に悩まされていた。

前述した通り、江戸開城前に薩摩藩の工作活動によって江戸の治安は悪化していたが、開城後には幕府の警備力が低下したことで、城下の治安はさらに悪くなる。しかも、新政府に反発する旧幕臣が関東や東北へ逃亡すると、東征大総督府は鎮圧のために兵を派遣せざるを得なくなり、江戸を取り締まる人員が不足していた。

新政府恭順派の大久保一翁。慶喜は恭順派に賛同し、江戸城明け渡しを決めた（国会図書館所蔵）

そこで新政府軍はやむを得ず、勝海舟（画像：右上）ら旧幕臣に江戸の警備を委任した。すると勝はこれを好機と捉え、江戸の治安回復を名目に、慶喜と江戸城の返還を大総督府に意見したのだ。慶喜が江戸に帰還すれば、人心が安定して幕臣も落ち着く、というわけだ。

勝がこうした主張をしたのは、江戸城の開城が一時的なものだと信じていたからである。**江戸城が幕府寄りの尾張藩預かりになったことから、城が返還されるという噂も幕府内では流れていた。**

一方で、大総督府内でも勝の提案への反応は悪くなかった。佐幕派に襲撃される恐怖もあって、徳川に江戸城を返却して100万石程度の領地を安堵するという意見が多数派となっていたのだ。

東征大総督府トップの有栖川宮熾仁親王（左）と軍監の江藤新平（右、国会図書館所蔵）

▼二度と戻らなかった江戸城

だが、4月21日に東征大総督の有栖川《ありすがわ》宮熾仁《みやたるひと》親王が江戸城に入ると全く音沙汰がなくなってしまい、そのまま江戸城返還は白紙化。徳川家は駿河70万石に大減封されていた。

勝の提案が退けられたのは、**京の新政府の間には、返還を認める意見がほとんどなかった**からである。4月初旬に開かれた最高意思決定機関の会議では、徳川家を駿河に移すか江戸に戻すかで意見が分かれていたが、最終的には駿河移封でまとまった。駿河は戦国時代以前の徳川領だったので、反発が少ないとの判断だった。

これにより江戸城は新政府が召し上げることになり、政府最高官庁の太政官《だじょうかん》が入ることが決定。旧幕臣の反発が予想されたため詳細は隠蔽されたが、水面下では対策がとられており、4月末には融和路線を進めた大総督府参謀の林玖十郎《はやしくじゅうろう》が罷免された。

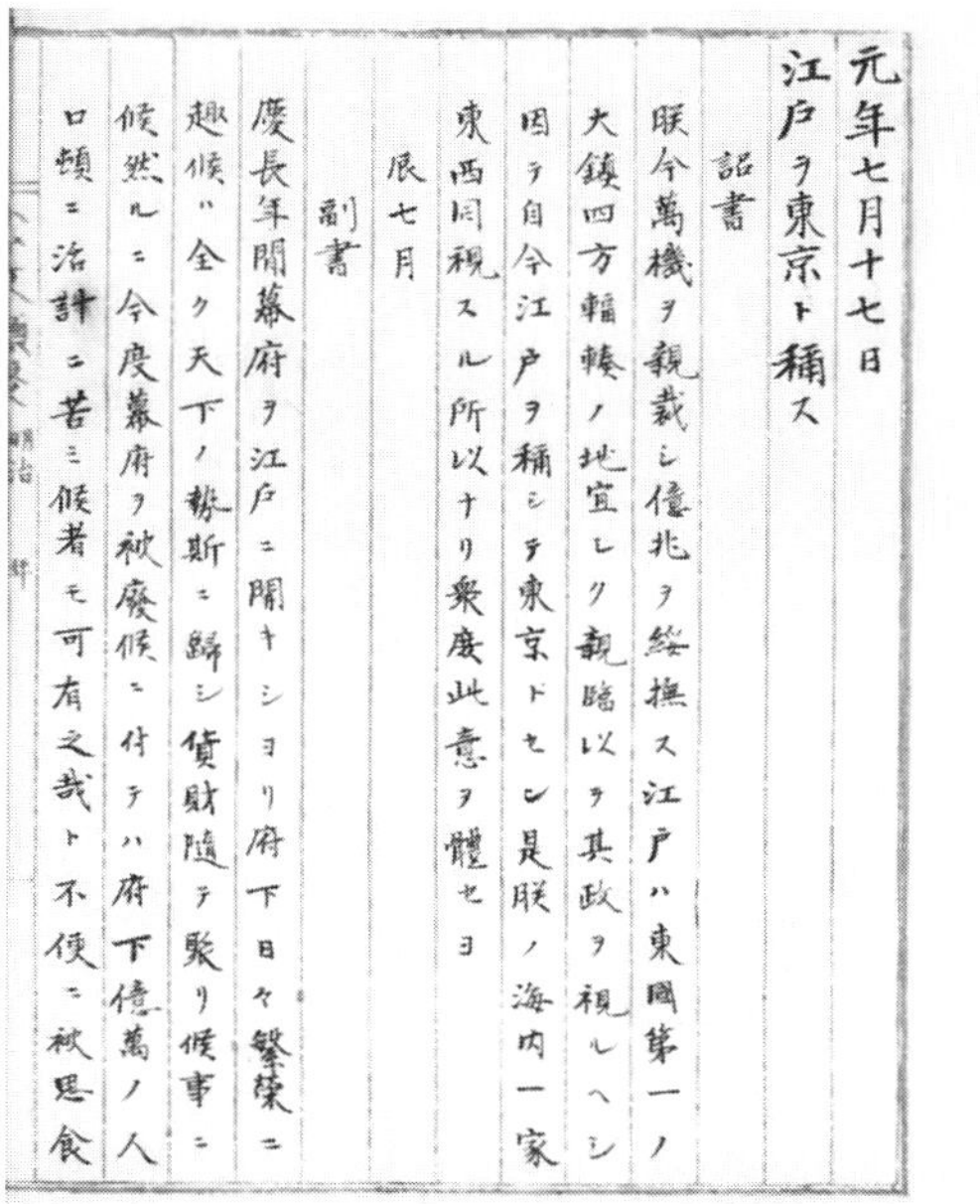

元年七月十七日
江戸ヲ東京ト稱ス
詔書
朕今萬機ヲ親裁シ億兆ヲ綏撫ス江戸ハ東國第一ノ
大鎮四方輻輳ノ地宜シク親臨以テ其政ヲ視ルヘシ
因テ自今江戸ヲ稱シテ東京トセン是朕ノ海内一家
東西同視スル所以ナリ衆庶此意ヲ體セヨ
辰七月
副書
慶長年間幕府ヲ江戸ニ開キシヨリ府下日々繁榮ニ
趣候ハ全ク天下ノ勢斯ニ歸シ貨財隨テ聚リ候事ニ
候然ルニ今度幕府ヲ被廢候ニ付テハ府下億萬ノ人
口頓ニ活計ニ苦ミ候者モ可有之哉ト不便ニ被思食

東京遷都の詔（江戸ヲ称シテ東京ト為スノ詔書）（国立公文書館所蔵）

そして、江戸と関東の旧幕軍を一通り鎮圧し終えたことで、計画は実行に移された。5月末日に徳川家の駿河移封が公表され、7月には「東京遷都の詔《みことのり》」が発布された。これによって江戸への遷都が決まり、江戸城が徳川家に戻る可能性は、完全に失われてしまったのだ。

第二章

戦争に関するウソ

12 薩英戦争に関するウソ

通説 薩英戦争は薩摩軍の惨敗に終わった

真相 薩摩軍はイギリス相手に善戦していた

▼運に恵まれた薩摩藩

薩摩藩といえば、長州藩と並ぶ攘夷派の代表格だと思われがちだ。そんな薩摩藩が攘夷遂行を諦め、開明政策に転じるきっかけとなった出来事が、文久3年（1863）に起きた**薩英戦争**である。

イギリスの目的は、薩摩藩士によってイギリス人が死傷させられた生麦事件の報復だった。賠償金の支払いと犯人引き渡しをイギリスは要求したが、薩摩藩が拒否したことで、横浜に停留中の軍艦7隻を鹿児島湾に派遣。湾内で会談が開かれるも失敗に終わり、イギリス艦隊が薩摩藩の船を賠償金代わりに接収しようとした。これに対して薩摩藩の砲台が砲撃を始めた（画像：右上）ことで、戦闘が始まったというわけだ。

2日近く続いた戦闘において、旧式砲台で攻撃する薩摩藩は最新のイギリス軍艦に歯が立たず、戦いはイギリス軍の圧倒的勝利に終わったとされてきた。

しかし近年の研究によって、**薩摩藩が善戦した**ことが明らかになった。このとき、薩摩藩の死傷者は19人だったが、対するイギリス軍は、諸説あるものの63人の死傷者を出していた。戦いはイギリスの勝利に終わったが、薩摩藩は一方的にやられていたわけではなかったのである。

なぜ薩摩藩はイギリスに大損害を与えることができたのか？　それは、**当日の天候が荒れていた**からだ。

この日はイギリス軍だけでなく、大嵐も鹿児島湾に上陸していた。荒波の中では、照準をつけることが難しい。イギリス軍は砲台に警戒していたものの、嵐で砲台の射程内に押し流された艦も少なくなかった。

ユーリアラス号は沿岸付近に流された結果、薩摩藩の砲撃で艦長と副艦長が戦死している。

そしてもう一つの理由として、**イギリス軍の装備がうまく機能しなかった**ことが挙げられる。イギリス艦隊が搭載していたアームストロング砲は、射程と破壊力に優れる最新兵器だったが、薩英戦争において、重大な欠陥が露呈する。**射撃不良が多発し、暴発事故で多数の死傷者を出した**のである。イギリスは攻撃を中止することを余儀なくされ、完全な勝利を諦めることになった。

生麦事件解決のため薩摩藩と交渉を行ったイギリス代理公使ニール

▼痛み分けとなった戦争

艦砲射撃で城下町の約10分の1が焼失するなど、薩摩藩の被害も甚大だったが、この戦争は薩摩藩にとって分岐点となった。イギリスの強さを知ったことで攘夷が無謀であることを悟り、イギリスとの接近を訴える意見が藩内に湧き上がったのだ。

しかも、イギリスとの和平交渉は両者の距離を縮めることになる。

薩摩藩は賠償金として2万5000ポンド（約7万両）の支払いに同意しているが、その大金は幕府からの借用金で支払われることになった。これを返さないうちに幕府が倒れることになるため、**金銭負担は軽く済んだ**ことになる。生麦事件の実行犯引き渡しに関しても、うやむやになって処罰はされなかった。

鹿児島湾を攻撃するイギリス軍艦

一方のイギリスも和平交渉を通じて薩摩藩に興味を持ち、のちに武器弾薬の輸出を通じて倒幕運動をサポートするようになる。いわば薩英戦争の痛み分けが、薩摩藩の開明的な改革を後押しすることになったのである。

戦争後に交渉する薩摩藩とイギリスの代表団たち

13 奇兵隊に関するウソ

通説 奇兵隊は四民平等の近代軍だった

真相 武士とそれ以外で明確な区別があった

▼軍服と呼称は明確に区別

奇兵隊は、長州藩士・高杉晋作（画像：右上）の発案によって結成された西洋式の部隊である。

設立のきっかけは、文久3年（1863）に起こった下関戦争だ。欧米列強との力の差をはっきりと見せつけられた高杉は、諸外国に対抗できる近代的な軍隊の必要性を感じ、藩の首脳を説得して奇兵隊を編成した。

その一番の特徴は、隊士を身分に関係なく広く募ったことだろう。足軽や中間《ちゅうげん》などの最下層の武士や、これまで戦闘に加わらなかった農民や町民までが奇兵隊に参加していた。

それなら部隊では身分の違いは問われず平等に戦闘訓練を受けたものだと思ってしまうが、それは誤解である。**奇兵隊の隊士の半数は、武士が占めていた**。農民は4割、その他が1割という構成だ。四民平等の軍隊といえるほど、構成員の出自は均質ではない。

また、そもそも隊規によれば、身分によって着るものなどは区別され、**武士以外の者は「匹夫《ひっぷ》」と呼ばれて区別されていた**。和装軍服の規定では身分によって使える生地や色が細かく分けられ、洋装に変わっても、生地は身分ごとに規定されたのだ。

このように、奇兵隊は決して平等な組織ではなかった。それに加え、**隊員のなかには無理やり奇兵隊に参加させられた者も少なくなかった**のである。

実は結成時において、奇兵隊には思うように人が集まらなかった。そこで藩は、農家の次男坊や三男坊といった家の跡継ぎになれない若者に目をつけ、強引に徴用したり、脅しをかけたりして隊に参加させたのである。村や町の乱暴者や鼻つまみ者が、「仕方がないから、奇兵隊にでも入るか」という軽い気持ちで入隊することもあったため、訓練に耐え切れず脱走する者も少なくなかった。

▼内部の軋轢が事件に発展

しかも、玉石混交の奇兵隊は藩の正規部隊と折り合わず、最悪の事件を起こしてしまう。正規部隊の屯所である教法寺に押し寄せ、隊士の一人を斬殺したのだ（教法寺事件）。この事件の責任をとって、高杉は総督の職を罷免されている。隊結成からわずか3カ月後のことだった。

奇兵隊隊士の赤禰武人は武士階級の生まれではないが、3代目総督に就任した

もちろん、問題があったとはいえ、奇兵隊はさまざまな戦争で活躍している。第二次長州征伐では長州藩軍の要となって幕府軍を圧倒。戊辰戦争では政府軍の一部として戦い、戦果を挙げた。

では、戊辰戦争後に奇兵隊の面々はどうなったのだろうか？　山県有朋《やまがたありとも》のように政府で活躍した者もいたが、**奇兵隊を含む長州藩の諸部隊は解散が命じられ、隊士たちはなんの論功行賞もなく解雇となった。**

奇兵隊の隊士たち

５０００人を数えた諸隊隊員の中で、新たに結成される常備軍への職を得たのは、上級武士を中心とした２０００人のみ。この処置に憤った諸部隊の隊士約２０００人は、それぞれの部隊を脱退して反乱事件を起こしている。確かに、新しい時代のために戦ったのにこの仕打ちでは、反発するのも無理はない。

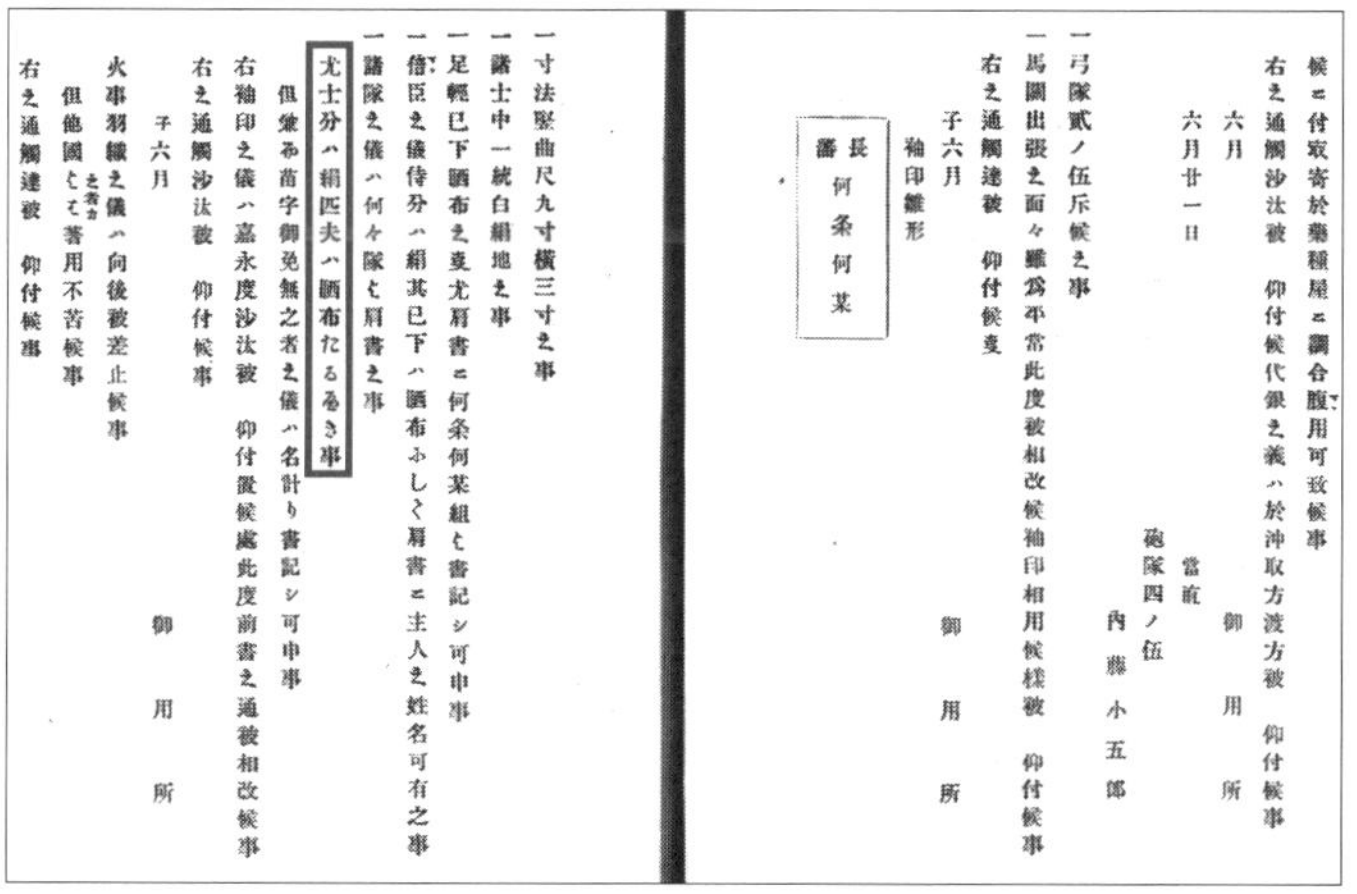

候ニ付取寄於薬種屋ニ調合腹用可致候事
右之通觸沙汰被　仰付候代銀之義ハ於沖取方渡方被　仰付候事
六月　　御用所
六月廿一日
当直
砲隊四ノ伍
内藤小五郎
一弓隊貳ノ伍斥候之事
一馬關出張之面々雖爲平常此度被相改候袖印相用候樣被　仰付候事
右之通觸達被　仰付候事
子六月　　御用所
袖印雛形
長藩　何条何某

一寸法堅曲尺九寸横三寸之事
一諸士中一統白絹地之事
一足軽已下晒布之事尤肩書ニ何条何某組と書記シ可申事
一陪臣之儀侍分ハ絹其已下ハ晒布ふしく肩書ニ主人之姓名可有之事
一諸隊之儀ハ何々隊と肩書之事
尤士分ハ絹匹夫ハ晒布たるへき事
但雖爲苗字御免無之者之儀ハ名計り書記シ可申事
右袖印之儀ハ嘉永度沙汰被　仰付置候處此度前書之通被相改候事
右之通觸沙汰被　仰付候事
子六月　　御用所
火事羽織之儀ハ向後被差止候事
但他國とて《之者カ》着用不苦候事
右之通觸達被　仰付候事

活字に翻刻された『奇兵隊日記』（国会図書館所蔵）。「尤も士分は絹、匹夫は晒布たるべき事」（上図赤枠）などと、肩書に用いる袖印の素材について身分ごとに規定している

14 新選組の武器に関するウソ

通説 新選組の戦闘は刀を用いた白兵戦だった

真相 新選組は早くから洋式装備を導入した

▼小銃装備の剣豪集団

ダンダラ模様の羽織姿で、京の警固役として攘夷派志士を取り締まった凄腕の剣客集団**「新選組」**。近代化の波が押し寄せながらも、武士らしく最後まで刀を主体とした白兵戦で戦い続け、近代的な兵制を導入した倒幕派との戦いで敗走を重ねることになった――。

そうしたイメージを新選組に持っている人は少なくないのではないだろうか。フィクションでも新選組といえば剣戟《けんげき》のシーンがおなじみだろう。

確かに、新選組が沖田総司や斎藤一《はじめ》など超一流の剣士たちを抱え、剣術の訓練に力を入れながら京の治安維持に努めたことは事実である。

しかし、だからといって**新選組が刀と和装で戦い抜いたというのは誤解**である。結成当初は剣術を重視していた新選組であったが、実際にはかなり早い段階で洋式装備への転換が進められていた。

その契機が、元治《げんじ》元年（1864）7月19日に起きた**禁門の変**である。長州軍が京都でクーデターを企てたこの事件で、新選組は幕府側として参戦している。

さぞ功績を残したのだろうと思いきや、刀剣主体の装備では大した活躍はできなかった。結果的に幕府側が勝利を収めたものの、局長の近藤勇と副局長の土方歳三は、今後も新選組が存在感を示すためには、組織の強化が必要だと実感することになった。そこでとられた具体策が、**人員強化と装備の洋式化**である。

翌年3月に本拠地を壬生《みぶ》屯所から西本願寺に移転した新選組は、装備や兵制の洋式化を進める幕府陸軍に倣い、大砲や小銃を多数用意して隊士に訓練を施した。鳥取藩の記録によると、「剣槍は差し置き砲術訓練盛んに相行われ候」と、剣術以上に砲術が重視されていたことがわかる。

　また、銃を効率よく運用するために銃撃戦を指揮する「銃頭」という役職を新設。

戊辰戦争で近藤勇と板垣退助が戦った甲州勝沼の戦い（月岡芳年『皇国一新見聞誌 甲州勝沼の戦争』国会図書館所蔵）。この戦いの前からすでに新選組の装備は洋式化していた

さらには蘭学医・松本良順《りょうじゅん》の指導で生活環境の改善を行うなど、西洋知識を積極的に取り入れていた。こうした改革が意外にも実を結んだのが、鳥羽伏見の戦いだ。

　鳥羽伏見の戦いについて、「最新兵器を駆使する新政府軍に旧幕軍がなす術もなく敗れた」というイメージがあるかもしれないが、実は**参加した新選組隊士の全員が、小銃で武装していた**。

　しかも、その多くがフランス製の最新小銃で、刀は補助装備として携帯していただけ。すでに新選組は刀剣主体の組織から脱却しつつあったのである。

▼銃を受け入れた隊士たち

　しかし、慣れない洋式戦術に苦戦して、白兵戦を試みて撃たれた隊士が多数いたのも事実だ。また、そもそも組織の洋式化を嫌がる武芸者肌の隊士も多かった。前述の鳥取藩の記録にも、「西洋不服の士多々」と記されている。軍学者の武田観柳斎《かんりゅうさい》はその筆頭だ。

　とはいえ、生死を賭けた戦いで刀にこだわることが得策でないことを、隊士たちは実感していただろう。鳥羽伏見の戦いに敗北した後も新選組は降伏せず、「甲陽鎮撫《こうようちんぶ》隊《たい》」として各地を転戦した。近藤が処刑された後も元隊士の多くが新政府軍と戦ったが、その中に**和装で刀を振るう者はおらず、ほとんどが洋装で小銃を装備していたという**。

　「最後の武士」と呼ばれる新選組の隊士たちだが、刀による戦いにこだわらず、時代に合った戦術に対応していたのである。

禁門の変のときに銃弾を受けた蛤御門。この戦いを機に新選組は近代的な装備を導入した

15 長州征伐に関するウソ

通説 長州軍に惨敗して幕府の権威は失墜した

真相 敗北後の軍制改革により権威は回復した

▼改革で権威回復に努めた

第二次長州征伐は、倒幕運動のターニングポイントとして知られている。長州藩の軍拡に脅威を感じた江戸幕府は、第一次長州征伐に続き、二度目の長州派兵を決定した。幕府軍は15万もの大軍を動員したにもかかわらず、最新兵器で武装したわずか3500人の長州軍に惨敗。最高指揮官である将軍・徳川家茂《いえもち》（画像：右上）の病死を機に、撤退を余儀なくされた。

この敗北によって幕府の権威の低下は全国に知れ渡り、徳川家の名声が回復することは二度となかった。そんな風に考えられてきた。

確かに、第二次長州征伐の失敗によって幕府の権威が低下したのは事実である。しかし、これで幕府の影響力が決定的に下がったというのは誤りだ。実は、**討伐後の失敗を踏まえて改革が急ピッチで進められ、幕府の権威は回復傾向に入っていた。**そのキーマンが、**徳川慶喜**である。

家茂の急死により将軍職に就いた慶喜は、幕府復権のために多くの改革に着手した。なかでも力を入れたのが、軍制改革である。

すでに幕府は、近代的な軍隊の整備を文久2年（1862）から始めていたが、その動きは積極性に欠け、兵士の質も低かった。そこで慶喜はこの軍隊をより先進的な近代陸軍にすべく、幕府と密接な関係にあったフランスの協力を得て、改革を推し進めていく。

近代兵器の輸入はもちろん、フランス公使ロッシュを通じてフランス軍人を教官に雇い、装備は鎧兜から洋式の軍服に変更した。そして横浜に設立した伝習所（のちに駒場野に移設）にて、西洋式の訓練を開始する。

これと並行して、慶喜は軍役制度にもメスを入れた。戦闘部隊や将軍の親衛隊を銃隊に再編した他、幹部養成用の士官学校創設を決定。旗本出身の志願者を募集して、近代的な軍事指揮官を養成しようとした。その結果、**幕府は歩兵と騎兵を合わせて8個連隊を主力とする陸軍の整備に成功。最盛期には兵力が1万を超える日本最大級の軍隊となっていた**のである。

▼一枚上手だった慶喜

また、慶喜は政治の面でも薩長に一泡吹かせている。

長州征伐で幕府を援助した駐日フランス公使ロッシュ

幕府権威の失墜を好機と見た薩摩藩は、慶応3年（1867）5月に京で慶喜と島津久光、松平春嶽《しゅんがく》、山内容堂《ようどう》、伊達宗城《むねなり》による有識者会議（四侯《しこう》会議）を開いた。名目は、列強からの兵庫開港要求と長州藩の処分を問うことにあったが、西郷隆盛ら主宰者たちは、会議をリードすることで幕府の力をさらに削ごうとした。長州藩に寛大な処分を下し、朝廷と諸外国とが直接条約を結んで幕府から外交権を奪うことで、雄藩による連合政権樹立に繋げようとしたのだ。

西洋風の服装に身をつつむ武士。イギリスの絵入り新聞に1866年に掲載された。幕府や雄藩の近代化改革によって、この時期には服装や装備の西洋化が一部で進められていた

だが、会議は慶喜のペースで進んだ。幕府に都合の悪い長州問題は棚上げにされ、兵庫開港問題では、粘り強く交渉して朝廷から勅許《ちょっきょ》を取得。**かえって慶喜の政治力の高さを示すことになった**のである。

だが、皮肉にも慶喜の動きは西郷に武力倒幕を決断させることになった。連合政権構想が頓挫したことで、薩摩藩内では幕府への警戒感が増大。薩摩の主導権を維持するためには、幕府が権力を取り戻す前に力ずくでも倒幕するしかないという意見が、叫ばれるようになった。追い込まれていたのは、幕府だけでなく薩長も同じだったのである。

慶喜は四侯会議においてリーダーシップを発揮し、松平春嶽（国会図書館所蔵）らを牽制。政治力の高さを示した

16 江戸城に関するウソ

通説 江戸城は無傷で開城された

真相 二の丸は全焼し、市中で略奪もあった

▼実際は血が流れていた

幕末モノの大河ドラマにおいて、**江戸無血開城**は山場の一つである。徳川家康が大坂夏の陣で大坂城を全焼させたように、敗者はその本拠地を消されるのが歴史の常。幕末期に幕府を追い詰めた新政府軍も、江戸城への総攻撃を計画していた。計画が実現すれば、江戸の街は戦場となり、幕府軍の総大将である徳川慶喜は、切腹に追い込まれていたに違いない。

だが、徳川慶喜の意を受けた幕臣たちが新政府軍の西郷隆盛（画像：右上）と交渉し、江戸城は無傷のまま開城。幕臣はもちろん、周辺の庶民も戦いに巻き込まれずに済んだ。江戸城を明け渡すことを条件に、衝突必至の両軍が血を流さずに妥協策を見出し、江戸の街は火の海にならずに済んだ――。こんな風に描かれることが多い。

しかし実際には、「江戸無血開城」といわれているものの、**江戸城と城下町は、決して無傷では済まなかった**。新政府軍と幕府軍の全面衝突は免れたものの、薩摩藩によるゲリラ攻撃に悩まされていたのだ。

薩摩藩の西郷隆盛は、大政奉還直後の慶応3年（1867）11月頃より、配下に命じて江戸市中で強盗行為を働かせていた。目的は、幕府側の攻撃を誘い、武力倒幕の正当性を得ることだ。

大政奉還によって慶喜が政権を朝廷に返上したことで、薩長は倒幕の大義名分を失ったが、それでも武力倒幕を諦めきれなかった薩摩藩が講じた策が、江戸市中への攻撃だった。

この江戸略奪を指揮した一人が、相楽《さがら》総《そう》三《ぞう》だ。相楽は江戸薩摩藩邸に無法者を雇い入れると、江戸での民間人襲撃を指揮。幕府関係者以外は襲わないと決めていたようだが、実際には無関係の商家も略奪や放火を受けたとされている。

実際、日本橋付近では略奪行為が多発し、11月14日には両替商の播磨屋が1万5000両を強奪されている。幕府は薩摩藩が裏で手引きしていると気づいていたが、効果的な取り締まりができず、江戸の治安は悪化の一途をたどっていた。

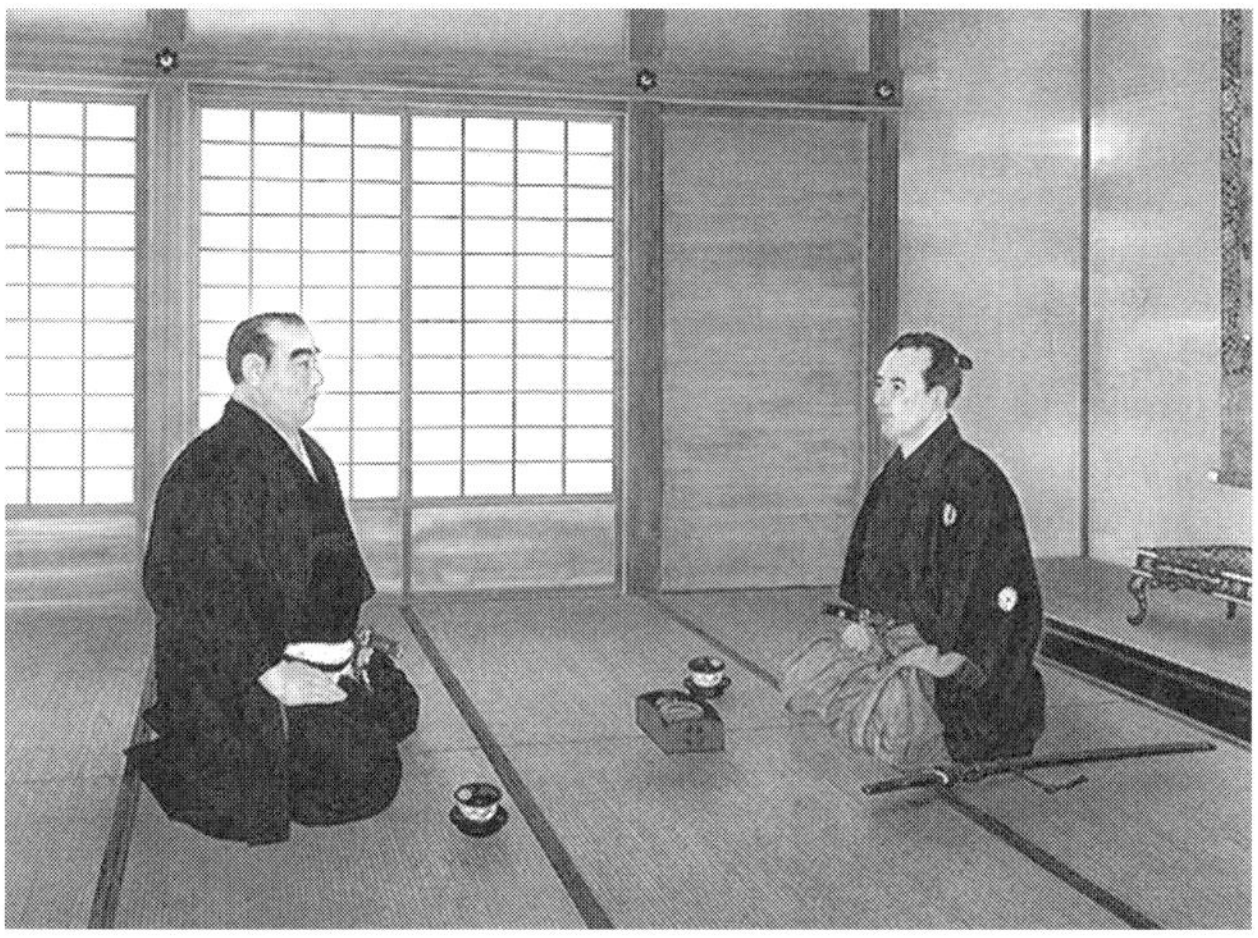

西郷隆盛と勝海舟の会談（結城素明『江戸開城談判（部分）』聖徳記念絵画館所蔵）

▼江戸城が燃える大事件

そんななか、ついに決定的な事件が起きる。12月23日、**江戸城の二の丸御殿付近から早朝に火の手が起こり、消火のかいなく二の丸全体が全焼した**のだ。

二の丸御殿といえば、徳川家定に嫁いだ島津斉彬の娘・天璋院篤姫《てんしょういんあつひめ》の住居でもある。事件前には薩摩藩士による篤姫奪還の噂が流れたことから、失火は薩摩藩の攻撃

外国人カメラマンによって撮影された江戸城

として流布。同日には庄内藩屯所が銃撃されたこともあり、幕府首脳部は25日より庄内藩に薩摩藩邸を包囲させている。

なお、犯行は西郷の命を受けた伊牟田《いむた》尚平《しょうへい》一派らによるというのが通説だが、現在では異論もある。

薩摩藩が江戸で略奪行為を働いたのは、事件のおよそ2カ月前、朝廷から薩長に倒幕の密勅が授けられたからである。これを実現するために西郷は幕府を挑発したわけだが、大政奉還によって密勅が有名無実化すると、西郷は破壊工作の中止を命じている。それでも、**過激派は略奪行為をやめず、江戸の治安は改善されなかった**。

また、庄内藩による薩摩藩邸焼き討ちの一報を受けても、西郷は喜ぶどころか「残念千万」と藩士・蓑田伝兵衛《みのだでんべえ》への書簡で嘆いている。これらを根拠に、江戸における暴虐は相楽らの独断専行であり、西郷のコントロールを離れていたという説が唱えられているのだ。

確かなことは、江戸の街は通説のように無傷では済まなかったということだ。総攻撃がなかったといっても、その裏では江戸庶民の血は流れていたのである。

17 鳥羽伏見の戦いに関するウソ

通説 双方の兵器の質の違いが勝敗を分けた

真相 双方の指揮官の能力が勝敗を分けた

▼薩長を上回っていた旧幕軍

新政府軍と旧幕軍の天王山である「**鳥羽伏見の戦い**」。新政府軍は西洋式の軍隊やイギリスから購入した最新兵器を駆使して、戦国時代のように鎧をまとい刀を振るう旧幕軍を蹴散らした――。鳥羽伏見の戦いに、このようなイメージを持つ人は多いのではないだろうか。

戦いが起きたのは、慶応4年（1868）1月3日のこと。御所から南へ約9キロにある、鳥羽街道付近が舞台だ。旧幕軍約1万5000人に対し、新政府軍は約6000人。といっても新政府軍は寄せ集めの軍隊だったため、実際に戦ったのは1500人程度だともいわれるが、結果は新政府軍の圧勝だった。

この敗因について、幕府の若年寄格の永井尚志《なおゆき》は「敵は武装がよく、よりよい銃と砲兵を持っていた」とイギリス大使に語っている。しかし、永井の分析は正しくなかった。**旧幕軍にも最新鋭の装備を整えた精鋭が多数参戦していた**からである。

たとえば、徳川慶喜がフランスの協力で整備した幕府陸軍が、鳥羽伏見の戦いで約5000人参戦していた。そのうちの800人ほどは、フランス人教官の指導を受けたフランス伝習隊である。西洋式の訓練を受けているのはもちろん、最新装備を有しており、質はむしろ薩長のそれを上回っていた。

薩長の主力小銃は、弾丸を銃の前方から装填するミニエー銃である。日本で使われていた火縄銃と比べれば破壊力も射程も上だが、先込め式で連射に向かず、すでに欧米では旧式化しつつあった。

一方、幕府陸軍の主力小銃も同じくミニエー銃だったが、**幕府側には薩長が持たない、最新の銃が配備されていた**。それがシャスポー銃だ。弾丸を銃の後部から装填することから、ミニエー銃を上回る連射性を実現していた。幕府はこの小銃をフランスから2000梃ほど無償提供され、伝習隊に配備していたのである。

配備が間に合わなかったという指摘もあるものの、それを差し引いたとしても、幕府の装備は新政府軍の装備に劣っていなかったことになる。

フランス軍事顧問団による訓練の様子

▼戦術と戦意の差

しかし、**旧幕軍は新政府軍に大きく劣る部分があった。指揮官の質だ**。新政府軍の指揮官は、敗北が政府崩壊に繋がると考えて戦意が高かったのに対し、旧幕軍の指揮官は自軍の兵力に慢心していた。

3日午前、旧幕軍は鳥羽街道を守る薩摩兵と接触したが、戦闘はすぐには始まらなかった。薩摩兵が京から通行許可が出るのを待つよう伝えると、旧幕軍はその場にとどまり、話し合いで解決しようとしたからだ。このとき、旧幕軍は戦闘態勢を取らず、銃に弾すら込めていなかった。

当然、薩摩兵はこの機会を利用しつつ旧幕軍を包囲。そのまま先制攻撃を仕掛けた。幕府の歩兵が混乱したのは言うまでもない。問題は歩兵だけでなく、指揮官の滝川具挙《ともたか》が乗馬で逃げ出し、伏見方面の竹中重固《しげかた》（画像：右上）も、同じく部隊を捨てて遁走《とんそう》したことだ。

他の戦闘地においても、狭い地形にもかかわらず指揮官が戦国時代以来の密集陣形を好んだことが敗北を招いた。**伏兵や十字砲火に苦しめられ、せっかくの歩兵をうまく活用できなかった**のである。いくら兵器の質がよくとも、それを効果的に扱える指揮官がいなければ、戦いには負けてしまうのだ。

鳥羽伏見の戦いを描いた錦絵。錦絵の発行には幕府の許可が必要だったが、この絵は無許可で出された（『慶長四年大功記大山崎之図』国会図書館所蔵）

18 錦の御旗に関するウソ

通説 鳥羽伏見の戦いの決め手は錦の御旗

◀

真相 錦の御旗は勝敗が決した頃に届いた

▼錦旗の効果はほとんどない？

劣勢だった新政府軍が鳥羽伏見の戦いに勝利できたのはなぜか？

その理由としてよく挙げられるのが、近代兵器の有無と、天皇の威光、すなわち**錦《にしき》の御旗《みはた》**の影響である。前項で紹介した通り、近代兵器は新政府軍だけでなく旧幕軍も有していたため、勝敗を左右したとは言い切れない。では、「錦の御旗（錦旗《きんき》）」説のほうはどうだろうか？

錦の御旗を持つということは、天皇の軍隊、官軍であることを意味する。つまり、歯向かえば朝敵になるということだ。大久保利通と岩倉具視の工作活動によって朝廷が新政府軍支持を表明すると、鳥羽伏見の戦場では錦の御旗が翻《ひるがえ》り、兵力で優勢だった旧幕軍の士気を大いに削いだ。これが決定打となって旧幕軍が敗北したというのが錦の御旗説である。

しかしこの説も、現在では異論が出ている。**錦の御旗が揚げられる前から新政府軍は優勢であり、大勢への影響は小さかったという**。また、錦の御旗が戦場に届いたときにはすでに、旧幕軍の敗北は決まりかけていた。

数で勝っているにもかかわらず、旧幕軍は一進一退を繰り返した。その一因は、前項でも紹介した指揮官の質の低さだが、**土地勘がなかった**ことも影響していた。

旧幕軍は戦国時代以来の「密集戦術」を好んだが、戦場となった鳥羽街道は、現在も車2台すれ違うのがやっとの道幅である。しかも、**鳥羽と伏見には湿地帯が多く、大軍の利を活かしにくかった**。そんなところに1万の大軍が押し寄せても、思うように動くことはできなかったのである。

一方、新政府軍は部隊ごとに散開して戦う「散兵戦術」を採用した。そして、鳥羽の城南宮《じょうなんぐう》や伏見の御香宮《ごこうのみや》神社に陣を構え、アームストロング砲などで旧幕軍を攻撃。密集した旧幕軍の兵は十字砲火に晒され、兵器の性能を活かせず倒されていった。

征討大将軍である仁和寺宮《にんなじのみや》（小松宮彰《こまつのみやあき》仁《ひと》親王）（画像：右上）に錦の御旗が与えられて戦場で翻った頃には、すでに勝敗が決まっていた。つまり錦の御旗は、ダメ押しの一手として投入されたのである。

▼密造された錦の御旗

しかも、このときの旗は天皇から下賜《かし》されたものではなかった。**天皇の威光を利用して戦況を有利に導くために、薩長のメンバーが製造したのだ。**

旗のデザインは、岩倉の側近を務めた国学者・**玉松操《たままつみさお》**が手がけた。玉松は王政復古の大号令を起草した人物でもある。岩倉は玉松が描いた図案をもとに、薩摩藩の大久保利通と長州藩の品川弥二郎《しながわやじろう》に旗の製造を依頼。大久保が素材となる布地を調達し、品川がこれを長州に持ち帰った。製造作業は藩内にあった養蚕《ようさん》施設の一室で進められ、人の出入りが厳重に管理された上で秘密裏に実行される。約1カ月を費やして十数本の旗が作られると、これらは山口城と京都の薩摩藩邸に運び込まれた。

そして戦いのさなか、薩摩軍が本営を置いた東寺《とうじ》に2本の錦の御旗が掲げられる。

新政府軍が用いた錦の御旗の模写図（『戊辰所用錦旗及軍旗真図』国立公文書館所蔵）

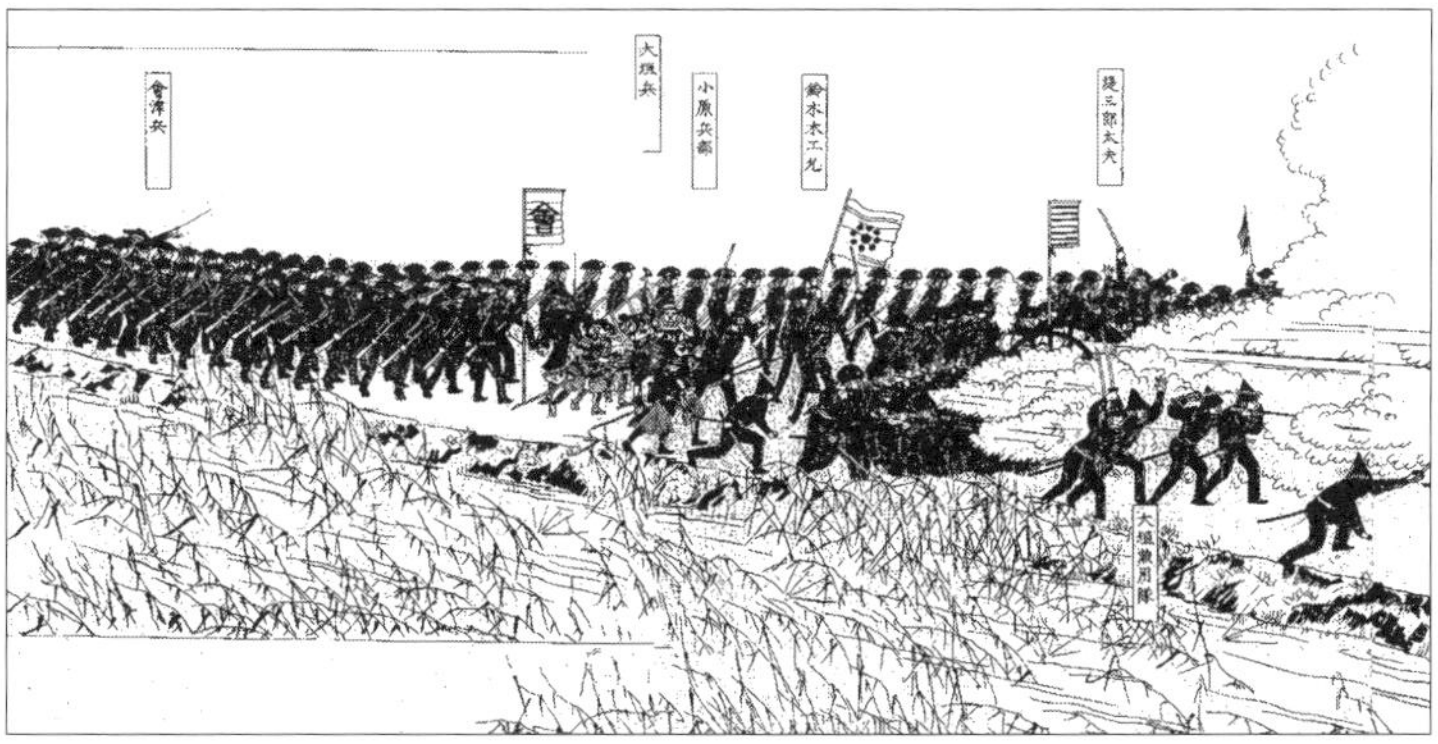

鳥羽伏見の戦いにおいて激戦となった富ノ森での戦闘（『戊辰戦記絵巻物（部分）』国会図書館所蔵）

旗は朝廷から許可を得たうえで用いられたとされるが、これをもって本物の錦旗と位置付けるかは研究者の間でも意見が分かれている。

だが、本物であれ偽物であれ、錦の御旗は兵士たちの心を動かした。「錦旗あがる」の報《しら》せに薩長の兵士の戦意は高まり、なかには涙を流す者さえいたという。片や錦旗の出現により「逆賊」の烙印を押されることになった旧幕軍の精神的ダメージは甚大で、離脱者が続出した。

とりわけ大きな衝撃を受けたのが、旧幕府軍の総大将・徳川慶喜であった。慶喜は勤《きん》王《のう》思想の中心地である水戸藩の出身で、皇室を崇拝する教えを徹底して受けてきたといわれる。それゆえ自身が朝敵とみなされたことは相当なショックであったようで、1月6日には自軍の将兵を置き去りにしたまま江戸に退いてしまう。これにより旧幕軍は総崩れとなっている。

19 皇族の参戦に関するウソ

通説 皇族や公家はみな倒幕に賛同していた

真相 徳川家に近い皇族は新政府に対抗した

▼徳川家に近い皇族もいる

外圧にさらされ、徳川将軍家の権威が失墜した幕末。幕府からすれば、雄藩を抑えて日本の覇権を再び握るには、朝廷と天皇の支持が不可欠だった。幕府は公武合体政策を推し進めたが、最終的に公家が支持したのは薩摩や長州の尊王攘《そんのうじょう》夷《い》派だった。

尊王攘夷は、天皇を敬い外国を打ち払うというスローガンで、武士たちは程度の差こそあれ、この価値観を共有していた。薩摩藩と長州藩は外国に敗北したことで攘夷を諦めたが、天皇の権威をもとにした政治体制をつくろうと政治工作を進めていく。

朝廷復権の好機とみた公家たちはこれに賛同し、懐疑的であった一部も、三条実《さんじょうさね》美《とみ》や岩倉具視ら尊攘派の公家による説得工作と、薩長《さっちょう》土《ど》肥《ひ》のいわゆる幕末雄藩の軍事的圧力によって、引き込まれた。

薩長土肥は倒幕後に、天皇が主権を有する王政復古を目指していたが、この構想は建前で、真の目的は天皇の権威を利用した中央集権体制を生み出すことである。

そんな事情を知らない皇族や公家は倒幕一色に染まり、朝廷復権を信じて一致団結。朝廷の全面支援を得た薩長土肥は江戸幕府を滅ぼした――。このように思っている方もいるかもしれない。

尊攘派公家の中心的存在だった三条実美（国会図書館所蔵）

朝廷が倒幕容認に傾いたのは事実だが、実際は倒幕運動に与《くみ》せず、幕府に味方した皇族もいる。それが**輪王寺宮《りんのうじのみや》**である。

輪王寺宮とは個人名ではなく、徳川家菩提寺の上野寛永寺に居住しながら比叡山延暦寺と日光山輪王寺の管理者を兼任していた役職だ。**徳川家の菩提寺に住むので幕府からは手厚く遇され、輪王寺宮は自然と幕府寄りになっていった。**最後の輪王寺宮である**北白川宮《きたしらかわのみや》 能久親王《よしひさ》**（画像：右上）も、立場上幕府に味方している。

▼新政府と対立した能久親王

能久親王が輪王寺宮となったのは慶応3年（1867）のこと。翌年、慶喜の使者として駿河国（静岡県）の駿府城に赴いた。すでに鳥羽伏見の戦いに敗北した慶喜に戦意はなかったため、能久親王は謝罪と徳川家存続を記した嘆願書を、東征大総督の有栖川宮熾仁親王《ありすがわのみやたるひと》に手渡した。だが、「虚飾が多い」と嘆願書は拒絶されてしまう。

江戸城への攻撃は回避されたものの、**能久親王は父からの帰還要請を蹴って上野に留まり、幕府の残党で結成された彰義隊《しょうぎたい》を支援した。**

能久親王が帰還を拒否したのは、新政府軍の態度だけが理由ではないようだ。皇族が消えると上野が戦場になると恐れた旧幕臣や豪農・豪商が嘆願書を送ったことに、心を動かされたともいわれている。

だが、結局寛永寺周辺は戦場となり、能久親王も江戸を追われることになる。それでも、幕府海軍に拾われて翌月に会津若松へと逃げ延びると、東北諸藩の連合体である「奥羽越列藩同盟《おううえつれっぱん》」の盟主に就任。江戸の側近らに「速に仏敵朝敵退治せんと欲す」と書置きを残すなど、新政府と戦う意欲を見せている。

皇居近くの北の丸公園内にある北白川宮能久親王像

その後、東北諸藩が苦戦したことで能久親王は新政府軍に下り、幕府に味方して戦場に身を投じた皇族は、その役目を終えた。降伏後は京都で1年間の謹慎処分となり、復帰後は軍人となって明治時代初期に出兵先の台湾で病死している。

上野で起きた彰義隊と新政府軍の戦い。能久親王は彰義隊を支援するも敗北。会津へ逃げ延びると東北諸藩の盟主となって新政府軍に対抗した（『東叡山文珠楼焼討之図（部分）』東京都立図書館所蔵）

20 上野戦争に関するウソ

通説 上野戦争は小規模な局地戦だった

真相 江戸の主導権が変わる重要な戦いだった

▼江戸を支配下に収めた決戦

江戸城の開城後も旧幕派による抵抗は絶えず、関東各地で幕府残党と新政府軍との戦いが起きていた。その一つが、慶応4年（1868）5月15日に起きた**「上野戦争」**である。

元幕臣や幕府陸軍残党が結成した**彰義隊**《しょうぎたい》と新政府軍が寛永寺にて衝突したこの戦いは、最新大砲を有した新政府軍が1日で勝利。上野の街が火の海になったことは、江戸の庶民に衝撃を与えることになった。

鳥羽伏見の戦いや会津戦争と比べると、上野戦争は知名度が低い。歴史本では「幕府残党の彰義隊が新政府軍に上野で敗北した」と戊辰戦争序盤の小規模な局地戦として軽く流す程度で、山川出版社が刊行している高校の日本史教科書には、用語すら載っていない。

ところが現在は、**上野戦争は戊辰戦争を左右する重要な決戦の一つだった**という評価に変わりつつある。この勝利によって、新政府は江戸の支配を盤石にしたからだ。

上野戦争が起きる前から、江戸は新政府の支配下にあった。とはいえ、新政府軍は関東各地で蜂起する旧幕軍を鎮圧しようと分散していたため、江戸市中の兵は少なくなり、治安維持すらままならない状況にあった。

そこで江戸の治安維持を務める東征大総督府は、やむなく旧幕臣である勝海舟の力を借りることを決めた。ここで勝海舟が治安維持を任せたのが彰義隊だった。

彰義隊は、徳川慶喜の無実を証明するために側近たちが組織したグループを始まりとしている。徳川家の菩提寺である寛永寺を本拠地とし、**最盛期には3000人以上の隊員を抱える旧幕派最大級の勢力**となっていた。旗本・渋谷真琴などの記録によれば、庶民の間でも大変な人気があったという。朝廷の威を借る薩長に支配されるより

上野戦争を描いた錦絵（歌川芳虎『明治元戊辰年五月十五日 東台大戦争図（部分）』東京都立図書館所蔵）

も、幕府の雰囲気を残す彰義隊のほうが支持しやすかったのだろう。

そんな彰義隊を破ったことで、新政府軍は活気づいた。徳川家の駿河移封を公示しても反発が少なかったのは、江戸を完全に掌握していたからだろう。また、敗れた旧幕軍は東北へ逃亡したため、関東に散らばっていた戦力を、東北へ集中させられるようにもなった。幕府を代表する彰義隊を破ったことで、江戸庶民の感情にも変化を与えたはずだ。

▼寄せ集めだった彰義隊

では、なぜ新政府軍は屈強な彰義隊を破ることに成功したのだろうか？　新政府軍が導入したアームストロング砲が彰義隊を圧倒したことが勝因だとする声もあるが、異論も出ている。実際は命中率が低く、人的被害はさほどなかったという。

彰義隊が敗走した一因として、士気の差が挙げられる。江戸市中で人気のあった彰義隊には、庶民からの参加者も多かった。つまりは戦いの素人である。

当然、新政府の攻撃が近づくと脱走者が相次ぎ、戦いの当日には兵力が1000人に減少していた。その1000人も大砲の轟音で士気を削がれ、逃げ道があればそこに飛びついた。

新政府軍を指揮した大村益《ます》次郎《じろう》（画像：右上）は、四方のうち東方の防備をわざと薄める戦術によって逃亡者を誘い込むと、目論見通りに東方へ逃亡者が集中。戦いは1日もかからず新政府の勝利で終わった。

戦闘を指揮した天野は新政府軍に捕縛されて牢で病死。戦死した200人以上の遺体は、円通寺が供養するまで何日も放置されたという。

上野戦争後の寛永寺。一面が焼け野原になった

21 会津戦争に関するウソ

通説 旧幕軍兵の死体が野ざらしにされた

真相 死体の数が多く埋葬が間に合わなかった

▼今なお残る確執の原因

薩摩・長州藩を中心とした新政府軍と佐幕派の筆頭である会津藩が衝突した戦い。それが慶応4年（1868）4月に起きた**会津戦争**だ。この激戦に会津藩は敗れ、拠点である鶴ヶ城を喪失した。

会津戦争の激戦区だった会津若松市に行けば、今でも薩長との和解を拒む声が聞こえてくる。その背景には、薩長軍が行った残虐行為への反発がある。

佐幕派の中心的地位にあった会津藩は、新政府軍による攻撃を受けて街も人も壊滅的被害を受けた。会津の人々は乱暴狼藉を加えられ、9月22日に降伏した後には、強姦された女性が会津の寺に夜な夜な赤子を埋めに来たとも伝えられている。

そうした残虐行為の象徴とされてきたのが、会津兵の死体放置令である。新政府に逆らう罪人として見せしめにするため、戦闘が終わった9月から半年以上にわたり、新政府軍は約3000人の会津兵の埋葬許可を出さなかったとされてきた。

確かに、長州藩は禁門の変で会津藩によって仲間を殺されたため、その報復だという説明は説得力がある。だが、平成28年（2016）12月、その通説を覆す史料が見つかった。**会津市の博物館に寄贈された史料の中に、埋葬禁止を否定する内容が含まれていた**のだ。

「戦死《せんし》屍《かばね》取《とり》仕《し》末金《まつきん》銭《せん》入《にゅう》用帳《ようちょう》」は作者こそ不明だが、埋葬に関する詳細な記録が34ページにわたって記録されている。死体の状況や服装なども、図入りで細かく記されていて、NHK大河ドラマ『八重の桜』の主人公として有名な山本八重の父・権八《ごんぱち》の亡骸に関する記述もみられる。

この史料によれば、収容作業の開始は10月3日。**少なくとも終戦の10日後には埋葬が始まっていた**ことになる。しかも、埋葬は新政府によって指示されていた。17日には会津藩士4人が567体の死体を64カ所の寺や墓地に運び込んだとされているが、それを命令したのも新政府の民政局だ。

そして埋葬には74両（現在の価格で約450万円）の費用がかかったこと、作業に動員された384人に1人1日につき2朱（約7500円）の作業代を支給したことも記されている。

少年兵で結成された白虎隊の墓。会津戦争では、城が燃えていると勘違いした白虎隊の隊士たちが殉死する悲劇が起きていた（© karitsu）

▼多すぎた会津兵の遺体

新政府軍が少なからぬ金をかけて遺体を埋葬したのはなぜか？　それは、**放置すれば衛生的に危険**だからだ。遺体の長期放置は伝染病の蔓延を引き起こす可能性があり、統治に支障をきたすおそれがある。長州派閥は会津を恨んでいたかもしれないが、新政府としては現実的な理由から速やかに遺体を処理する必要があったのだ。

会津若松市にある阿弥陀寺。およそ1300人に上る戊辰戦争戦死者が埋葬された東軍墓地や、新選組三番組隊長を務めた斎藤一の墓がある

とはいえ、死体の数が多すぎた。年を越しても死体の捜索は続けられたものの、**全ての死体を埋葬することはできなかった**。

実際に死体の埋葬禁止が命じられたのは、上野戦争のときである。彰義隊との戦闘に勝利した新政府軍は、戦後に旧幕兵200人の死体を埋葬させずに放置した。これは死体の回収に来る旧幕派の支援者を捕縛するためとされている。このときは、数日後に上野寛永寺の御用商人・三河屋幸三郎が政府の許可を得て円通寺に埋葬している。

では、なぜ会津で死体が放置されたと思われるようになったのか？　史料を調査した野口信一氏は、読売新聞の記事において「1869年2月に阿弥陀寺へ改葬したことを半年も放置したと誤認したと思われる」と記している。

新史料がきっかけで、少しずつかもしれないが、会津と長州は距離を縮めるようになっていくかもしれない。

22 北越戦争に関するウソ

通説 長岡藩は最新兵器で新政府軍を圧倒した

真相 最新兵器よりも藩士の指揮が優秀だった

▼粘り強く戦った長岡藩

戊辰戦争というと、会津戦争や五稜郭の戦いが注目されがちだが、それらの戦いより前に始まり、新政府軍が苦しんだ戦闘があった。それが、越後国長岡藩を相手にした**北越戦争**である。司馬遼太郎の小説『峠』のテーマになっているため、知っている方も多いかもしれない。

長岡藩に会津藩のように新政府軍への恨みを募らせる勢力が多かったわけではないが、かといって、新政府軍の味方をして東北諸藩と敵対するつもりもなかった。しかし、新政府軍との交渉が決裂したことで、慶応4年（1868）5月2日、戦闘が始まることになった。

会津藩と同盟を結んではいたものの、長岡藩の兵力は5000程度しかなく、約3万の兵を擁する新政府軍との戦力差は歴然だった。しかし敗色が濃厚であったにもかかわらず、長岡藩軍は幾度も新政府軍を撃退し、2カ月以上も持ちこたえたのである。

江戸や京から離れた長岡藩が、最新兵器を備えた新政府軍を撃退できたのはなぜか？　これまでは、藩士である**河井継之助**《かわいつぎのすけ》（画像：右上）が推し進めてきた軍制改革の影響だとされてきた。

河井に兵器を売却した商人スネル（国会図書館所蔵）

北越戦争が起こる2年前から長岡藩は軍の近代化を進め、西洋式訓練を導入するとともに、外国人商人のスネル兄弟を通じて大量の武器弾薬を購入していた。

　その中には、当時日本に3門しかなかった最新兵器**ガトリング砲**も含まれていた。1分間に360発の弾丸を発射できるこの兵器を、河井は2門も購入していた。これが実戦で猛威を振るったことで新政府軍を蹴散らしたとされていたわけだ。

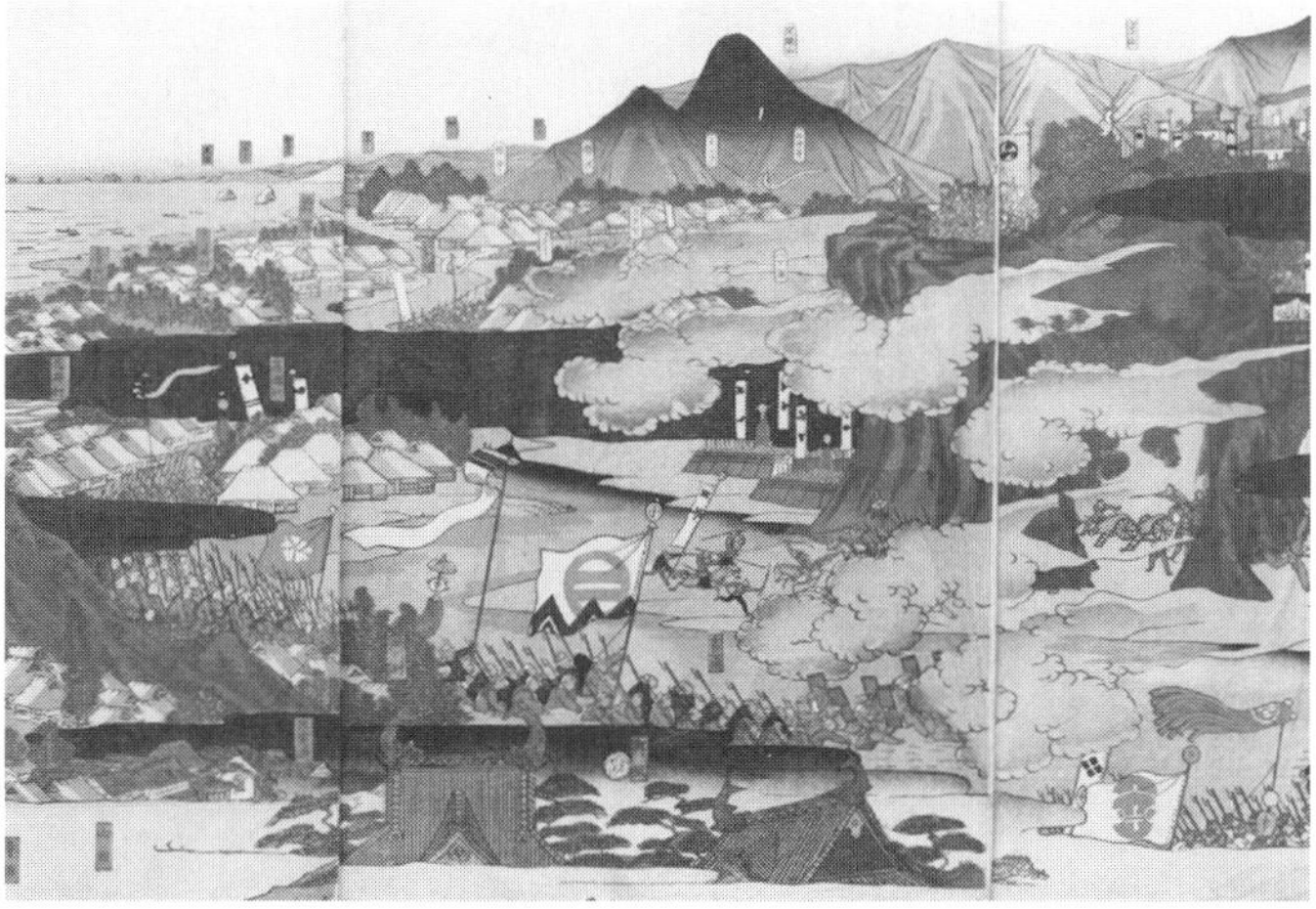

戦国時代の川中島の戦いに見立てて北越戦争を描いた錦絵

　しかし、当時のガトリング砲は手動で回さないと発射できず、弾詰まりを起こしやすいという欠点もあった。また、その重さから扱いにくく、実戦での効果は限定的で、大した活躍はできなかった。

▼中小藩が善戦した真の理由

長岡藩が善戦したのは、兵器の質が高かったからではなく、指揮官である河井継之助が優秀だったからである。

　新政府軍との戦闘が5月2日に始まると、河井は指揮官としてこれに参加した。

イギリスで使用されていた、同時代（1865年型）のガトリング砲

　そして、信濃川を突破した新政府軍に対し、遊撃隊を駆使して5月10日にこれを撃退。翌日に新政府軍の反撃が始まったが、河井は山地に陣を構えて地の利を生かし、戦いを優位に進めた。この戦いで、新政府軍は吉田松陰に目をかけられていた時山直八を失っている。

　とはいえ、数で劣る長岡藩軍は次第に追い詰められていく。5月19日、防備が手薄な本拠地・長岡城が山県有朋に奇襲されて奪われ、藩内の恭順派が工作活動を始めるようになったのだ。

　7月25日、700人で城内に奇襲を仕掛けて山県を城から追い出すことに成功したが、すでに兵力は底をついていた。**河井が足を負傷して戦線を離れると、指揮官不在の軍は各地で敗走を重ねていく**。そして8月16日、河井の死とほぼ同時期に、長岡藩は降伏したのである。

　なお、死の間際、河井は長岡藩士・外山《とやま》脩造《しゅうぞう》に対し、「これからは実力の時代だから商人になれ」と伝えたという。外山はその後、アサヒビールや阪神電鉄といった大手企業の創業に携わり、大阪経済界を中心に功績を挙げることになる。

23 奥羽越列藩同盟に関するウソ

通説　奥羽越列藩同盟は一致団結していた

真相　半強制的な同盟で、裏切りも相次いだ

▼半ば無理やり結ばれた同盟

新政府軍の主力である長州藩は、会津藩を非常に恨んでいた。京の治安維持を担当した会津藩主の松平容保《まつだいらかたもり》（画像：右上）が攘夷志士《じょういしし》を多数摘発していたし、会津は政変を起こして長州藩を京から追い出したこともあった。まさに長州藩の宿敵である。

新政府軍が江戸城を無血開城させると、矛先は会津へと向かう。慶応《けいおう》4年（1868）4月には東北諸藩に会津追討の令が出されていたものの、容保は新政府に謝罪嘆願をして恭順の意を示しており、各藩は会津に同情的だった。

しかし、東北の鎮圧を担った奥羽鎮撫使《おううちんぶし》の参謀・世良修蔵《せらしゅうぞう》は、東北諸藩全てを敵とみなし、挑発的な態度をとった。これに激怒した仙台藩士によって、世良は殺害される。開戦は避けられないと判断した諸藩は5月、奥羽列藩同盟を結成。その後、北陸諸藩を加えた**奥羽越列藩《おううえつれっぱん》同盟**が結成され、会津藩と共に新政府軍と戦った。

同盟諸藩は協力関係を築いた会津藩のもとに強く結束していたと思われていたが、その実情は全く異なっていた。団結とは程遠く、むしろ**常に崩壊の危険があった**のである。

そもそも、東北諸藩のなかには仕方なく同盟に参加した藩が少なくなかった。開戦に懐疑的な諸藩もいたが、強硬論を説く藩の武力による圧力で、半強制的に加盟させられている。たとえば、越後国新発田《しばた》藩（新潟県新発田市）は、仙台・米沢藩に恫喝されて同盟に入ったにすぎず、新政府に弁明の書状を送っている。

開戦を主導した仙台藩と米沢藩にしても、一致団結していたとはいえない。仙台藩が主戦派だったのに対し、米沢藩は専守防衛を重んじたために意見が合わなかった。また、両藩は同盟内の主導権を巡って対立しており、同盟はいつ瓦解してもおかしくない状態だった。

▼内部崩壊を起こしていた

同盟は、すぐにほころびを見せた。同年7月、久保田藩（秋田藩）の寝返りに端を発して、裏切りが相次いだのである。

勤王思想が根強かった久保田藩は、奥羽《おうう》鎮撫総督府《ちんぶそうとくふ》の征討命令を口実に同盟を離反。旧幕府派と戦闘状態に突入した（秋田戦争）。

仙台藩主の伊達慶邦とともに奥羽越列藩同盟の盟主となった、米沢藩主の上杉斉憲（国会図書館所蔵）

これに呼応して、秋田周辺の新庄藩、亀《かめ》田《だ》藩、矢島《やしま》藩も相次いで会津を裏切った。三春《みはる》藩においては新政府軍2500の前に一戦もせずに降伏。新発田藩も同盟を見限った。これによって新政府軍は新潟方面の進軍が容易になり、北越戦線の戦闘を優位に進められたという。

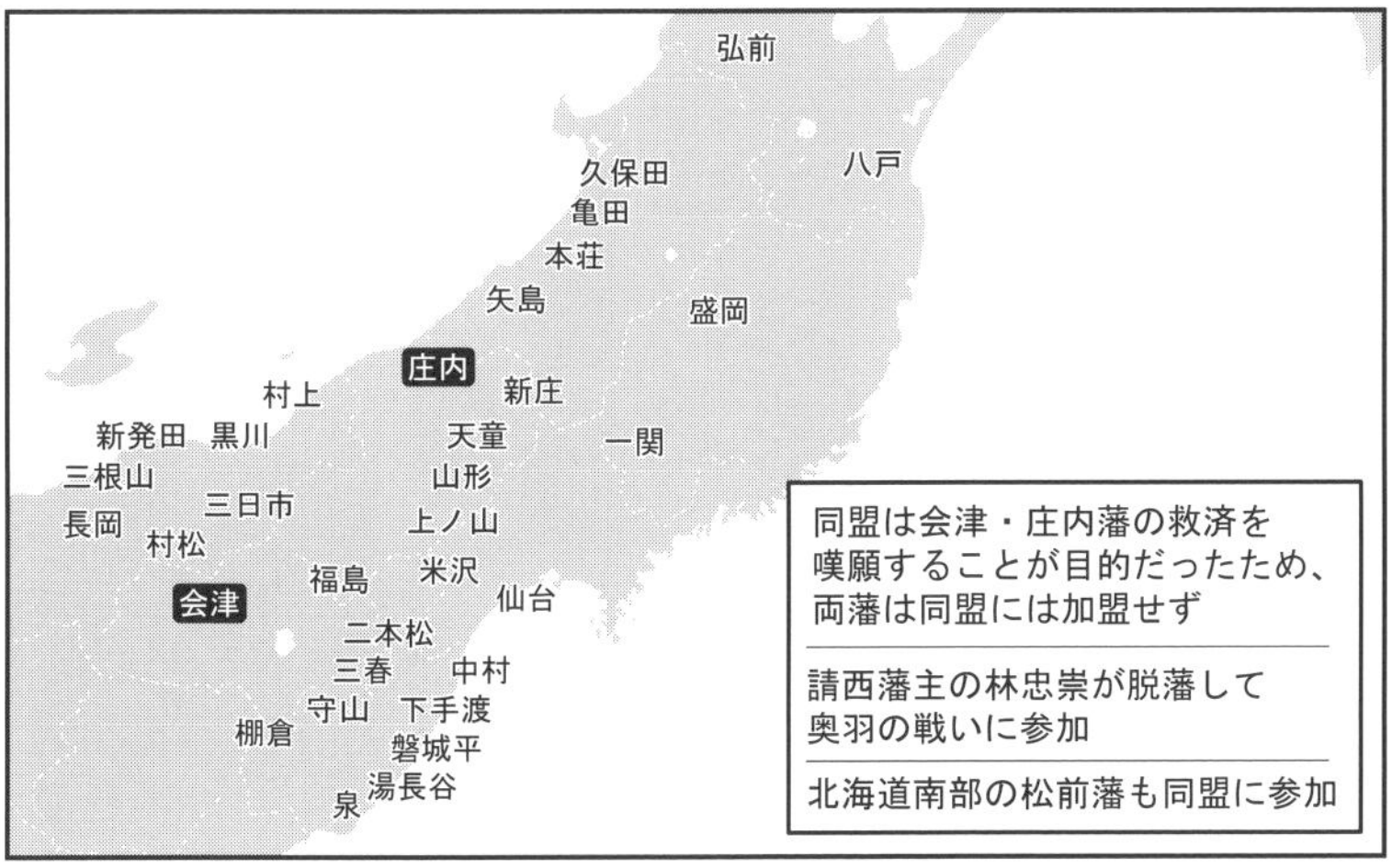

奥羽越列藩同盟に参加した東北諸藩

同盟に参加した各藩は反新政府でまとまっていたわけではなく、勤王思想が強い藩や元から新政府寄りの藩もいた。それに同盟諸藩が苦戦したことで、立場を変えた藩もある。**立場や考え方の異なる藩を無理やり組み込んだことが歪みとなって、同盟は崩壊した**のである。

新庄藩の新庄城跡地。新庄藩は久保田藩に同調して奥羽越列藩同盟を離脱し、新政府軍に寝返ったため、庄内藩から攻撃を受けて城は炎上した

24 戊辰戦争後に関するウソ

通説 旧幕派はみな厳しい処罰を受けた

真相 死罪の藩主はおらず処罰の緩和もあった

▼藩士には死罪もいたが……

薩長《さっちょう》土肥《どひ》を中心とした新政府軍と旧幕軍が戦火を交えた**戊辰戦争**。東北各地が戦場になり、旧幕軍の重要拠点である会津でも、大規模な戦闘が起きた。この戦いを会津戦争といい、戦闘は最新兵器を保有する新政府軍の圧勝に終わった。

　会津戦争が終わると新政府軍は旧幕派を厳しく処罰した、というのが通説だ。会津と同盟を結んだ諸藩の首脳陣はことごとく処刑され、旧幕派は事実上壊滅した――。

そんな風に考えられていた。

　しかし近年、こうした通説の誤りが指摘されている。たとえば、前項で述べたように、会津兵の死体が半年間放置されたとする説があるが、実際には**会津降伏の10日後には兵の死体の埋葬が命令されていた**。

　さらに、旧幕派が容赦ない処分を受けたという見方も、現在では見直されている。というのも、当初から新政府は旧幕派全てに厳しい処分を下そうとしていたわけではなかった。

　戦争終結後、新政府は明治天皇の詔書に基づき東北への処罰を下した。奥羽越列藩同盟の中核であった仙台藩では、重臣の但木土佐《ただきとさ》と坂英力《さかえいりき》が死罪となり、米沢藩では家老の色部長門《いろべながと》（戦死）が御家断絶となった。

　会津藩家老の萱野権兵衛《かやのごんべえ》も反乱の首謀者として処刑されるなど、生死を問わず約20人の重臣が死刑や重罰となっている。

　また会津藩のほか山形藩（近江転封）、福島藩（三河重原転封）、請西藩《じょうざい》の4藩は領地を失っている。請西藩は藩主自らが脱藩して新政府軍に敵対したことが問題視され、約1万石から300石に改易された。

▼助命されていた藩主たち

ただし藩主ともなると、事情が違ってくる。仙台藩主の伊達慶邦《だてよしくに》（画像：右上）は謹慎処分、米沢藩主の上杉斉憲《なりのり》は隠居で済んでいる。

会津藩主の松平容保《まつだいらかたもり》は当初、封土没収と終身謹慎を命じられたが、明治2年（1869）には華族に列し、再興を許されて下北半島の斗南《となみ》藩3万石を与えられた。藩主で死罪となった者は誰もいない。

戦争で大きく損傷した会津若松城（国会図書館所蔵）

藩主が微罪で済んだのは、首謀者が「同盟を主導した側近たち」だと判断されたからだろう。明治天皇の詔書のなかでも「容保の死一等を宥して首謀の者を誅《ちゅう》し」とされており、**藩主の処刑は最初から想定していなかった**ことがうかがえる。

また、藩によって処罰の差は大きかった。新政府軍と最後まで戦った庄内藩は移封処分となるはずだったが、30万両の献金の他、70万両の賠償金に合意したことで旧領の大部分が安堵された。

自決する白虎隊の様子を描いた絵（肉亭夏良『白虎隊英勇鑑（部分）』）

盛岡藩は仙台領白石への転封が命じられていたが、領民の一揆で旧領復帰が許されている。

他の諸藩も大半が一定の領土を保障され、庄内藩のように懇願や献金で転封を免れた事例も多々ある。新政府軍は資金不足に悩んでいたため、処罰の緩和と引き換えに金を受け取ったほうが得策だと、判断したのかもしれない。

福島県会津若松市の善龍寺は戊辰戦争で山門以外が全焼した。境内にある「なよたけの碑」（写真右）には戊辰戦争で亡くなった婦女子233名の名前が刻まれている（©Stingfield / CC BY-SA 3.0）

第三章

社会・文化に関するウソ

25 社会インフラに関するウソ

通説
日本の社会インフラは未熟だった

真相
水道網や識字率など優れた点も多かった

▼進んだ水道インフラ

19世紀の日本といえば、長らく海外との交流が制限されていたことで欧米よりも文化や技術が遅れており、上下水道や街道整備などの社会的インフラも整わない、後進国だったというイメージが強い。一方の欧米は、技術が進んで社会基盤が整い、洗練された文明国だったという印象を持つ人もいるだろう。

しかし、技術的な違いこそあれ、日本、特に徳川幕府のお膝元である江戸においては、欧米諸国に引けをとらないインフラや社会・教育システムが機能していた。

江戸のインフラでとりわけ注目すべきは、**水道設備**である。もともと江戸の地下水は塩分が多く、飲料として使うことはできなかった。そこで、初代将軍・徳川家康は上水道の整備を計画すると、井の頭池を水源とする水路を掘削させて市中への給水を可能にした。これが「神田上水」（画像：右上）である。右上画像のように、神田上水の上部には水を通すために懸樋《かけひ》という水道橋が架けられた。ここから運ばれた水が江戸の人々の飲み水となった。その後、人口の増加にともなって上水道は増やされる。**総延長は世界最大級の規模だった**。

また、江戸では下水道も整備されていた。敷地区画の境界部分に下水溝がつくられ、雨水や生活排水は下水溝を通って堀や川から海へと流されていた。幕末にこの技術を見たペリーは、アメリカよりも進んでいると驚愕の声を残している。

しかもこの下水道は、糞尿用には利用されていなかった。長屋のトイレは共同だったが、小と大で区別され、どちらも農村の肥料としてリサイクルされていたのだ。農民は金や野菜と引き換えにしてそれらを引き取るため、大家が集めて副収入を得ていたという。もちろん、長屋以外の糞尿も肥料として有効利用され、下水に流されるようなことはなかった。

▼外交官も驚いた日本の街路

また、**人や物、情報の流れもスムーズ**

外国人によって描かれた寺子屋の様子

だった。東海道・中山道《なかせんどう》・甲州街道・日光街道・奥州街道という五街道は、江戸時代中期に整備が完了。宿場町が置かれ、旅人や物資の送り継ぎポイントとして機能していた。伊勢参りなどの旅行ブームが起きたのも、道路網が整備されていたからこそである。

現代人には当たり前かもしれないが、幕末に日本を訪れた外国人からすれば、日本のインフラは驚きだった。イギリス人外交

日本に滞在経験のあるドイツの考古学者シュリーマン（左）とイギリス人外交官オールコック（右）。日本の教育インフラや衛生環境を評価していた

官のオールコックは、滞在記にて「よく手入れされた街路は、あちこちに乞食がいることをのぞけば、きわめて清潔であって、汚物が積み重ねられて通行をさまたげるというようなことはない」「これはわたしがかつて訪れたアジア各地やヨーロッパの多くの都市と、不思議ではあるが気持ちのよい対照をなしている」と記している。

▼最高規模の識字率

また、**教育インフラが全国に広まっていたことも外国人たちを驚かせた**。トロイ遺跡の発掘で有名なシュリーマンは慶応元年（1865）に来日した際、学習塾である江戸の寺子屋を視察して、「自国語を読み書きできない男女はいない」と驚いている。

実際には簡単な読み書きしかできない者が多かったが、それでも西洋と比べれば、日本人の識字率は高かった。ロンドンで20％、パリでは10％に満たなかったのに対し、日本は成人男性の識字率は7割を超えていた。このような教育インフラが、明治政府の教育政策の基礎になっていたことは間違いない。

26 工業に関するウソ

通説
農業国の日本は工業後進国だった

真相
繊維工業など軽工業が発展していた

▼工業に目覚めていた日本

日本の工業化は、明治時代になってから受け身で上から進められたと思われることが多い。江戸時代の日本は農業中心で工業が育つ土壌がなく、産業革命を経た欧米に大きな差をつけられていたと考える人も少なくないだろう。

その考えは、重工業に限れば大きく間違ってはいない。しかし実は、**軽工業は江戸時代後半から発展の兆しを見せており、それに伴う社会問題もみられるようになっていた**。

江戸時代の初め頃、商品価値の高い工業品の需要は富裕層に限られていた。この場合、職人が個人で作る「家内制手工業」か、商家が農家に道具を貸して商品を作らせる「問屋制家内工業」でまかなうことができた。

ところが、１８００年代頃から庶民の購買力が高まり、民間でも工芸品や特産品の需要が急激に高まったことで、生産体制にも変化がみられるようになった。個人生産でまかないきれない需要に対応するため、商家は工場を設立するようになったのである。

設立されたのは工員十数人ほどの小工場だったが、生産性は大きく向上した。需要の高い商品の生産を増やし、作業を分担制にしたことで、大量生産が可能となったのだ。いわゆる「工場制手工業（マニュファクチュア）」であり、繊維工業において、特に発展していった。

すでに摂津国の酒造業でもマニュファクチュアはみられたが、繊維工業はそれ以上の広がりを見せる。**江戸時代の日本では、**

生糸をつくりだす蚕の育成や、木綿の元となる綿花の栽培が盛んだったからだ。生糸は高級服として、木綿は庶民の普段着としての需要があったために各藩で生産が奨励され、日本全国に波及したのである。

また、生産体制の変化に伴い、技術も進歩した。職人の手製から、大型の機織り機である「高機《たかばた》」や水車式の「水力八丁車」などを使う体制に移行していったのだ。まさしく資本主義による工業化の芽生えである。

尾張の織屋で取り入れられていた工場制手工業の様子（『尾張名所図会』国会図書館所蔵）

当初、工場制手工業は綿織業が盛んな大坂や尾張都市部でみられたが、幕末までには地方の農村部にまで小工場が建てられるようになった。その結果、明治維新を待たずに工業の下地ができることになったのである。

▼工業化の弊害と諸藩の選択

ただ、領主層からすれば、工業化の進展は社会構造を変化させる危険があった。事実、賃金労働者として雇われた農民が、儲からない農業を見限り田畑を捨てるケースが増加。**耕作者が減少して、農村が荒廃し始めた**のだ。

この問題に対する諸藩の対応は、大きくふたつに分かれた。農村復興政策によって旧来の社会へ回帰するケースと、工業化の流れに乗り、藩営工業の設立や特産品の専売制で富を増やすケースである。

このうち、後者を選んだのが薩長だ。薩摩藩は砂糖の専売制、西洋式工場群の建造を、長州藩は紙やロウソクの量産・専売を通じて、財政を潤した。この利益を元手に藩政改革を進めた結果、薩長は強大な経済力と軍事力を持つようになり、倒幕運動の中核勢力になりえたのである。

薩摩藩主・島津斉彬（左）の集成館事業によって現在の鹿児島市磯地区に造られた、近代的な西洋式工場群（右）。日本初の紡績工場である鹿児島紡績所などが創設され、日本の工業の発展に貢献した

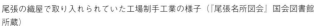

27 植民地化に関するウソ

通説 列強は日本を植民地にしようとしていた

真相 列強は日本を侵略する余裕がなかった

▼列強の脅威への対策

幕末は、インドや清国をはじめ、アジアが欧米諸国による植民地化の危機に直面した時期である。日本もアメリカをはじめとした国々から不平等条約を押し付けられ、薩摩や長州は外国との戦争で大きな損害を受けている。

しかし、こうした脅威に直面しながらも、日本は列強によって植民地化も領土の割譲も押し付けられなかった。隣国である清国が列強から土地を奪われ、保護貿易策を撤廃させられていたにもかかわらずである。いったいなぜか？

一般的には、雄藩が幕府を倒して中央集権体制をつくり、近代化政策を急速に進めたことが要因だと考えられることが多い。だが、**幕府は諸外国の脅威に対抗すべく、開国前から策を講じていた**。そのきっかけが、天保11年（１８４０）に起きた**アヘン戦争**（画像：右上）である。

アジアの大国である清がイギリスに敗れたことは、日本にも衝撃を与えた。幕府は対外政策を変化させざるを得なくなる。

天保13年（１８４２）に幕府は「異国船打払令」を廃止すると、遭難した船に薪や水の補給を認める「薪水給与令《しんすいきゅうよれい》」を新たに出し、外国船舶への態度を軟化させた。開国後は特にフランスとの関係を強化して近代化政策を実施していた。

こうした下地があったからこそ、日本の内乱に諸外国は干渉しなかったのだ。

大政奉還後、徳川慶喜は薩長との衝突を予測し、内乱が起きた場合、不干渉の立場を保つよう諸外国に依頼。鳥羽伏見の戦いが始まったときも、イギリス、フランス、アメリカ、オランダ、イタリアの公使に対し、不干渉と中立の立場をとるよう要求している。各国の公使は要請どおり局外中立を宣言した。

▼植民地化どころではない

もちろん、列強による侵略が起きなかったのは、欧米側の事情も関係している。幸運にも、**各国は日本を侵略している余裕がなかった**のだ。

海洋帝国であるイギリスは、１８５６年に終結したクリミア戦争の戦後処理が残っていたため、極東の日本にまでは目が届かず、それよりもインドや清国における植民地政策を優先していた。

天保８年（1837）に来日したアメリカ船・モリソン号。異国船打払令に基づいて砲撃した幕府に対し、批判が相次いだ（「浦賀奉行異船打払ノ始末届書（写本）」国立公文書館所蔵）

同じくフランスも、クリミア戦争の戦後処理や対外関係の緊張で余力がなく、日本を開国させたアメリカは１８６１年に南北戦争が始まって国内が混乱していた。

各国とも、日本を侵略できる状態ではなかったのだ。

また、**そもそも諸外国は、日本を植民地にする意図が希薄だったという見方もある**。列強が植民地を設けたのは、市場と資源・食糧供給基地を確保するためである。経済市場はともかく、資源に乏しく平野が少ない日本は、プランテーションをつくるのに適した土地ではなかった。

しかも、極東に位置する日本に人材や物資を送り、軍隊を常駐させ、行政府を設置し、各種インフラを整えることは、膨大な資金・時間が必要となるため効率が悪かった。日本は「投資に見合わない植民地」になる可能性が高かったわけだ。

イギリスの駐日公使パークス。薩長と親交を結び、倒幕を援助した

幕府や雄藩が列強による植民地化に危機感を抱いていたのは事実だが、当時の状況を考えると、日本が他のアジア諸国のような侵略を受ける可能性は低かったのである。

クリミア戦争は、バルカン半島の権益をめぐって起きたイギリス・フランス・トルコ・サルデーニャ対ロシアの争い。敗北したロシアは国内改革に向かい、列強はトルコへの干渉強化に動いた

28 幕末の政治構想に関するウソ

通説 立憲君主制は明治時代に構想された

真相 江戸幕府は立憲君主制を発案していた

▼徳川慶喜の新政府構想

日本に憲法の概念が生まれたのは明治維新以後とされる。国会開設運動が高まった結果、政府も憲法制定を決定し、大日本帝国憲法の施行によって、日本にも君主を憲法で制御する**「立憲君主制」**が生まれた、というのが通説である。しかし、江戸幕府ではすでにそれに近い政治体制が考案されていた。

「東照公《とうしょうこう》（徳川家康）は日本のために幕府を開いたが、自分は日本のために幕府を葬る任にあたるべきだと覚悟を決めた」

徳川慶喜が明治維新後に語った、将軍就任の理由である。幕藩体制の限界は慶喜も理解しており、明治維新の前から新体制への移行を模索していた。ここで慶喜が目指した新体制案というのが議会開設だった。

大政奉還の上表文にも「広ク天下ノ公儀《こうぎ》ヲ尽クシ」という一文があり、これも幕府消滅後の議会開設を謳ったものとされている。つまり、**維新後の自由民権運動で実現した議会制の導入を、幕府は遥か以前から計画していた**ことになる。それどころか、具体的な改革案も幕臣によって起案されていたのだ。

では、江戸幕府が目指した新体制とはいかなるものだったのか。慶喜の側近だった西周《にしあまね》（画像：右上）は、幕臣の平山敬忠《よしただ》に「議題草案」を提出していた。西は東京大学の前身である開成所《かいせいじょ》の教授を務めており、新体制の構想作業でも、中核の一人として活動した。欧米への留学経験もあり、慶喜に外国語を教えた人物でもある。

西が発案したのは、**司法、立法、行政が独立した三権分立を主軸とする立憲君主制**

度である。

「王は君臨すれども統治せず」の原則に基づくイギリス議会を参考にしたという。

　大坂に設置予定の行政府には、1万石以上の大名で構成された上院と、各藩主に選ばれた議員（1名）を集めた下院を設け、これらを最高指導者の大君が統括することになっていた。もちろん、大君となるのは徳川家の当主である。天皇については、改元や爵位の授与などを扱う象徴的な存在に収めようとしていた。

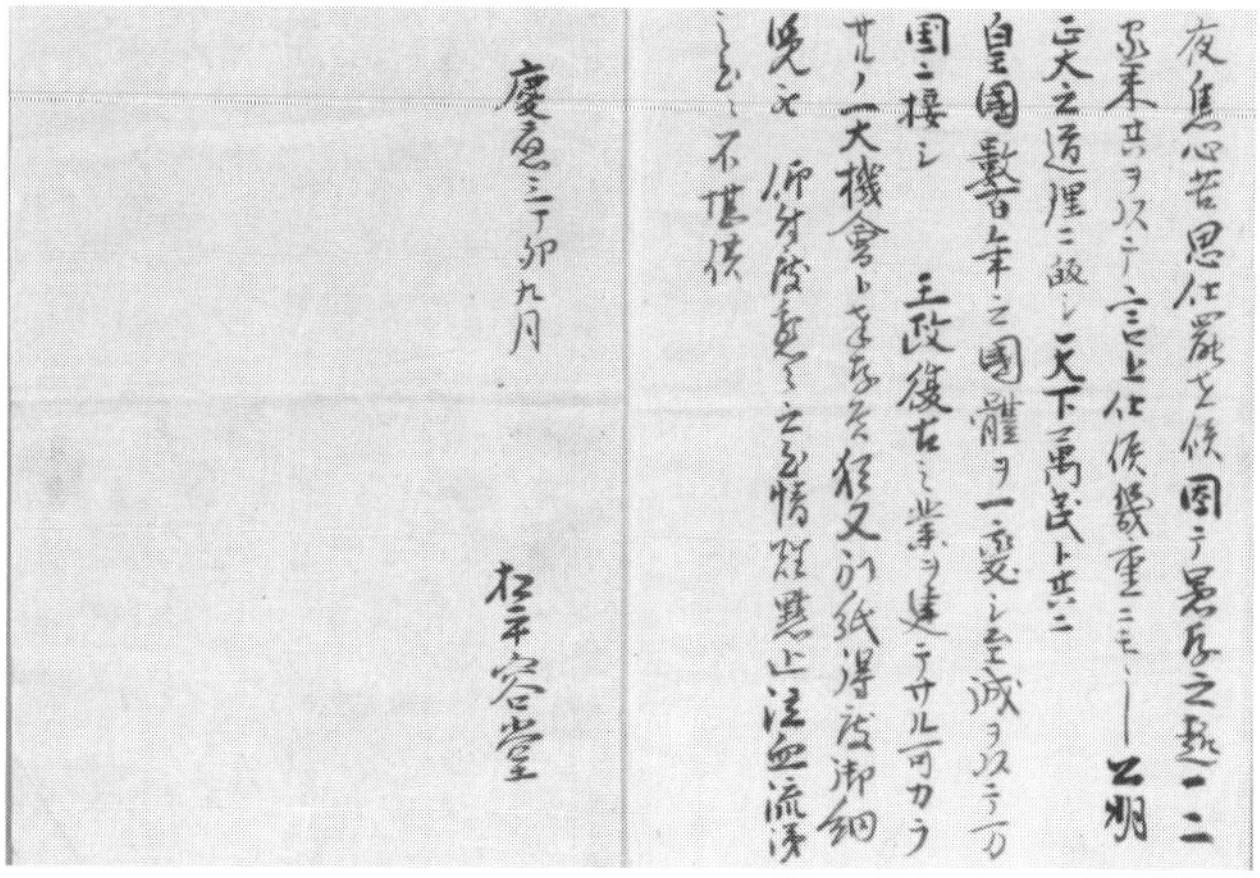

山内容堂が徳川慶喜に建白した大政奉還の写し（『土佐藩大政奉還建白書写』国会図書館所蔵）

　西の案は、「将軍家は天皇から政権を委任されている」という江戸幕府の建前と相性がよく、幕臣にとっても受け入れやすかった。実際、西の案に慶喜も理解を示し、他の幕臣にも議会制は伝えられていた。

▼すでに提案されていた選挙制

　この他にも、慶応3年（1867）には「日本国総制度」という新体制案が、開成所の教授・津田真道《つだまみち》によって立案されている。

　トップが徳川将軍という点は西の案と同じだが、津田案の目玉は**一般国民から議員を選出する規定**にある。旧武士階級が占める上院に対して、下院は全国民のうち10万人につき1人を選抜して構成するとした。「選挙制度」の導入である。

　普通選挙法が施行されるのが大正14年（1925）、制限選挙でも明治22年（1889）施行であることと比べたら、幕府は数十年も前から「民主的」な政権運営を計画していたことになる。

　これらの案は、大政奉還後の政権構想にも大きな影響を与えていた。慶喜が主導権を握り続けていれば、西の案をもとに議会が設立されていたことだろう。

　ただ、西の案が採用されたとしても、近代化がどの程度進んだかは未知数である。幕藩体制の権力図が継承されれば、側近や旧幕府重鎮の権力は高いままだったはずだ。少なくとも、幕藩体制の改編だけでは明治維新ほどの急激な変化は訪れなかったのではないだろうか。

幕府によるオランダ留学の参加者たち（国会図書館所蔵）。前列右端が西周で、後列右端が津田真道

29 幕府の人材登用に関するウソ

通説

江戸幕府は実力より家柄を優先した

◀

真相

実務を担う旗本には実力が求められた

▼実力も重視した江戸幕府

江戸幕府はなぜ薩長に負けたのか。その一因として、幕府が古い**身分制**から脱却できなかったからだという意見がある。

幕府の職制は、将軍の下に大老、老中、若年寄などの政治的判断を下す役職を置き、その下に各奉行職を配置していたが、上位ポストに就けるのは譜代大名だけで、旗本は町奉行より上に行くことができなかった。身分が高い家柄であれば、能力が低くても出世が保証されていたため、幕府は徐々に弱体化し、幕末においてその機能不全が露呈していく。

一方で、薩長などの雄藩が有能藩士を幹部候補として育成し、優秀な人材が藩政を動かすようになっていたため、身分制への対応が組織力の違いを生んだと思われても、無理はないかもしれない。

確かに、江戸幕府が身分制によって硬直した組織だったことは事実だ。しかし、実は**重要政策を担うポジションについては、江戸時代の半ば頃から個人の能力を重んじていた。**

幕政の意思決定機関は老中や若年寄が中心だったが、幕政の立案・実施を担っていたのは、奉行所などで働く旗本たちである。こうした実務官僚には、専門性や行動力が求められることから実力が重視される傾向が強かった。

なかでも江戸町奉行は、現在の警視総監、最高裁判所長官、東京都知事などにあたる役目であったため、並の旗本では務まらない役職だった。

では、江戸町奉行にはどのような旗本が就いたのか？　多くの場合、「目付」や「勘定奉行」を経ることが多かった。目付は他奉行の監視役であり、勘定奉行は財政を担当する勘定所のトップだ。どちらも実力が重んじられ、その構成員も優秀な者が求められる傾向があった。

特に、勘定所は幕府の機関としては珍しく「筆算吟味」という採用試験を実施しており、身分が低い者にも門戸を開いていた。しかも、数は多くないものの叩き上げで勘定奉行に上り詰める者もおり、立身出世を目指す一般武士にとっての、いわば関門だったのだ。

左は御家人から出世して旗本となり、勘定奉行にまでのぼりつめた川路聖謨。右は笠間藩の下級藩士出身ながら能力を認められて勘定奉行並にまでなった小野友五郎（国会図書館所蔵）

▼人材育成の方法が広まる

そして黒船来航以降、人材の確保と育成のために、幕府は下級武士であっても積極的に抜擢するようになる。御家人や他藩の藩士、商人、富農をとりたてるようになったのだ。明治の言論界で活躍する福沢諭吉も、元は他藩の下級武士で、経済界をリードする渋沢栄一（画像：右上）も、豪農の出身である。

こうした考え方は、徳川家が静岡藩に転封されても継承された。静岡藩では幕府の研究機関である開成所を元にして「静岡学問所」と「沼津兵学校」を設置。**高い水準の教育を、旧幕臣だけでなく、農民や町人であっても学ぶことができた。**この身分にとらわれない姿勢は全国から注目を集め、新政府も教育制度の参考にしている。明治5年（1872）の学制発布までに両校は廃止となるが、卒業生と教師は大多数が新政府に召し抱えられたのである。

その後、武士階級以外が活躍できる土壌も、明治になって少しずつではあるが、作られることになる。そして明治維新から26年後の明治26年（1893）、官僚への登竜門である高等文官試験制度が整備された。見過ごされがちだが、新政府の教育制度や人材登用の在り方にも、幕府は少なからず影響を与えていたのである。

▼実力が重視された江戸幕府の主な役職

町奉行	勘定奉行	大目付
江戸市中における行政、裁判、警察、消防などを担う。激務だが旗本が就く役職ではトップクラスで、経験と実力のある者が積極的に登用された。	幕府の財政事務や、幕府直轄領からの年貢徴収など民政全般を担当する。能力と実績が重んじられ、家格を超えて出世した叩き上げの勘定奉行もいた。	老中のもとで幕政の監督や大名の監察を行う。町奉行や勘定奉行を務めた者が任命されることもある重職で、大名に近い待遇を与えられた。

30 新政府の人材登用に関するウソ

通説 旧幕臣は政治に関与できなかった

真相 新政府は旧幕臣の統治ノウハウを頼った

▼旧幕派が支えた明治維新

江戸開城後、約3万人の幕臣たちはどのような運命をたどったのだろうか？　新政府と敵対していたことから、冷遇されて極度の貧困に苦しんだと思う方もいるかもしれない。

確かに、慶喜に従って静岡藩に移住した旧幕臣が生活苦に陥り、幕府に味方した会津藩などが冷遇されたのは事実だ。

しかし、新政府は政策上の必要から、旧幕臣をないがしろにするわけにはいかなかった。

というのも、**薩長土肥を中心とする新政府の面々は、藩政規模の統治しか経験したことがなく、全国規模の統治ノウハウに欠けていた**。そこで白羽の矢が立ったのが、江戸幕府の実務官僚である旗本・御家人らである。

幕末の激動に対処すべく、幕府は優秀な人材を囲い込み、責任ある地位に置いていた。また、徳川家は移封された静岡において教育に力を入れ、人材育成にも熱心だった。この人材を使って幕府の支配機構を受け継いだことで、新政府は全国統治の術を学ぶことができたのである。

国会開設まで、新政府は全国の奉行所と人材を統治機関として機能させ、旧幕臣が希望すれば「朝臣」として召し抱えた。3万人の幕臣のうち、5000人がこれに応えている。

出仕を拒んだ旧幕臣も少なくないが、それでも明治7年（1874）の官員録によれば、**政府官員の3割近くが旧幕臣**だった。初期の政府は旧幕臣に支えられていたことがよくわかる。

▼逸材ぞろいの旧幕臣

また、薩長が政治の要職に就くなかでも、能力を買われて高官として出仕した旧幕臣もいた。代表例が**榎本武揚**《えのもとたけあき》だ。

榎本は箱館戦争を主導して新政府に抵抗を続けた過去があるが、終戦後は北海道の開拓使として仕官した。その後、蝦夷地開拓や対露交渉で功績を残し、海軍中将にも就任。明治18年（1885）12月に発足した第一次伊藤博文内閣では初の逓信《ていしん》大臣に登用され、その後も幾多の大臣職を歴任している。その他、「日本資本主義の父」こと渋沢栄一も元は慶喜の側近であるし、勝海舟も外務大丞《だいじょう》（省のナンバー4）や元老院議官などの役職を歴任している。

幕府の教育機関で東京帝国大学の前身の一つ、開成学校（国会図書館所蔵）。ここで教育を受けた人材が明治政府でも活躍していた

一方で、**政府に参加せず、言論界で活躍した旧幕臣も少なくない**。沼間守一《ぬまもりかず》のように自由民権運動に参加した者もいれば、『学問のすゝめ』の作者・福沢諭吉や「東京日日新聞（現毎日新聞）」を主筆した福地《ふくち》源一郎《げんいちろう》のような人物もいた。新しい時代においても、その基礎づくりの多くに幕臣が多大な影響を残したのである。

新政府で大臣職を歴任した榎本武揚（左、国会図書館所蔵）とジャーナリストとして活躍した沼間守一（右）

ちなみに、薩長から目の敵にされた徳川慶喜（画像：右上）も、明治35年（1902）に貴族院議員として政界に復帰している。慶喜は最後まで一議員として過ごしたが、徳川宗家次期当主の徳川家達《いえさと》は30年近く貴族院議長を務めた。辞退したものの、大正時代には総理大臣の候補にも挙がっている。明治時代後期になっても、徳川の名前は忘れられていなかったようだ。

『学問のすゝめ』で知られる思想家の福沢諭吉（左）と徳川宗家16代当主となった徳川家達（右）

31 新選組の隊規に関するウソ

通説 新選組は局中法度で私闘を禁止していた

真相 私闘禁止の項目は小説家の創作だった

▼新選組隊規の実情

血気盛んな浪人たちをまとめるためにつくられた、新選組の鉄の掟。そう伝わるのが、近藤勇と土方歳三（画像：右上）による**局中法度**《きょくちゅうはっと》だ。

「士道ニ背キ間敷《まじき》事」「局ヲ脱スルヲ不許《ゆるさず》」「勝手ニ金策致不可《いたすべからず》」「勝手ニ訴訟取扱不可」「私《わたくし》ノ闘争ヲ不許」

このルールに違反すれば、切腹や粛清は免れなかった。隊規を元に組織は運営され、粛清された隊士は、新選組が成敗した志士の倍近くいたという。

しかし実際には、新選組はこれほど厳しく運営されたわけではなかった。確かに、新選組に隊規があったことは、隊士だった永倉新八が後年に回顧している。しかしその内容は前述した五項目のうち四項目だけで、私闘禁止のルールは含まれていなかった。そもそも、永倉は隊規のことを禁令と呼んでおり、**局中法度という呼び名が幕末からあったことを示す史料は存在しない**。

では、なぜ新選組の隊規は局中法度と呼ばれ、私闘禁止のルールが追加されたのか？ これには、作家・**子母澤寛**《しもざわかん》の執筆した『新選組始末記』が影響している。子母澤は昭和3年（1928）に出版したこの小説で禁令を局中法度と名付け、本来はなかった私闘禁止の項目を加えたのである。

子母澤がこうした変更を加えたのは、**「軍中法度」を参考にした**からだとされる。軍中法度とは、禁門の変後の元治元年（1864）に定められた戦時用の隊規のこと。ここに私闘禁止の条項も含まれているのだ。おそらく、子母澤はこの軍中法度を参考にして局中法度という名称をつくり、小説の内容を面白くしようと、私闘禁止条項も加えたと考えられる。そして目論見通りこの小説が大ヒットしたことで、局中法度の名前も世間に広く知られるようになったのだろう。

▼温情ある処置も

実際には、隊規に厳しい条項はあるものの、違反者が必ずしも悲惨な末路をたどったわけではなかった。切腹を言い渡されるどころか微罪や謹慎で済むことも多く、厳しい処罰が決まっても、脱走に成功して刑を免れた者も多数いた。遠方に逃げられれば、わざわざ苦労して追跡しようとまでは考えていなかったようだ。

新選組で二番隊組長を務めた永倉新八の晩年の写真

柴田彦三郎のように潜伏先から連れ戻されて切腹となった隊士も多いが、一方で**脱走後に帰参を許された隊士もいた**。その一人が、阿部慎蔵（高野十郎《じゅうろう》）という男だ。隊の結成初期のメンバーだが、池田屋事件の直前に脱走し、その後は切腹となるはずだった。だが、土佐藩士らによる大坂城制圧計画を新選組と共同で防いだ功績を称えられて、特別に再入隊を許されている。

にもかかわらず、慶応3年（1867）3月に隊士の伊東甲子太郎《いとうかしたろう》が御陵衛士《ごりょうえじ》を組織すると再び脱隊してこれに参加。御陵衛士は新選組に壊滅させられたが、今度は薩長側に寝返り、伏見で近藤勇を銃撃している。近藤は肩を負傷しただけで済んだが、再入隊のときに小説のように厳しく規則を運用していれば、恩を仇で返されることはなかったかもしれない。

新選組の総長・山南敬助の墓。山南は脱走の罪で捕らえられ、切腹することになった

▼軍中法度の内容

一、役所を堅く相守り式法不可乱《みだすべからず》進退組頭《くみがしら》之下知《げち》に可随《したがうべき》事

一、敵味方強弱之批評停止之事
附、奇瑞妖恠《きずいようかい》不思議の説不可申事

一、食物一切美味堅く禁制の事

一、昼夜不限急変之有候共《とも》決而騒動不可致心静に身を堅め下知を可待事　但夜討の節勿論の事

一、私之遺恨有りと雖も於陣中喧嘩口論仕間敷之事　**（※この記述から子母澤が局中法度にも私闘禁止の条項を加えたと考えられる）**

一、出勢前に兵粮《ひょうろう》を食ひ鎧一縮し槍太刀の目釘可心付事
附、陣前に於て猥《みだり》に虚言申間敷《まじき》事

一、敵間の利害見受於之《これあるにおいて》有は不及遠慮可申出不咎過失事

一、組頭及討死候刻其組衆於其場可遂死戦若し搆臆病《おくびょうをかまえ》其虎口《ここう》北来の族《やから》於之有は斬罪《ざんざい》劓罪《ぎざい》随其品可申付之条兼而致覚悟未練の働之無様可被相嗜《あいたしなむ》之事

一、於烈敷《はげしき》虎口組頭之外屍骸《しがい》引退事可為無用始終不逃其場可抽《ぬきんずべき》忠義事

一、合戦勝利後乱取禁制也其御下知於之有は如定式可守御法事

右之条々堅固に可相守此旨執達依而如件《しったつよってくだんのごとし》

32 新政府と江戸庶民に関するウソ

通説 幕末の庶民は幕府打倒を支持していた

真相 新政府に懐疑的な庶民も少なくなかった

▼新政府を嫌う江戸庶民

黒船来航から続く急激な物価上昇に苦しむなかで現れた、倒幕を目指す諸藩の志士たち。人々は新しい世を目指す勢力に希望を見出し、明治維新を歓迎とともに受け入れた――。

倒幕運動に対する幕末の庶民の反応を、このように考える人は多いのではないだろうか。話としては美しいものの、事実は大きく異なっている。確かに新政府寄りの人々も多数いたが、佐幕派の影響が残る関東・東北では、新政府に反発する声も大きかった。特に江戸の庶民は薩長を懐疑的に見る傾向にあったのだ。

幕末の激動を経て幕府は政治的には弱体化したものの、江戸で暮らす大多数の庶民からすれば、幕府への信頼は揺らいでいなかった。むしろ将軍家に親しみを抱いており、江戸の治安を脅かす薩摩や長州を煙たがっていた。

それは、当時非合法に発行されていた風刺絵から読み解くことができる。

江戸時代を通じて庶民は政権批判を厳しく禁じられていたため、新政府に対して批判する手段もなく、新聞のようなマスメディアも生まれていなかった。

しかし、慶応4年（１８６８）の春頃より状況は変化する。**風刺目的の錦絵が大流行したのだ**。

本来、印刷物は発行者を明記するよう幕府に義務づけられていたが、その幕府がなくなったためか、発行元を記さない錦絵などが大量に出回ることになった。戊辰戦争を相撲に見立てたものもあれば、旧幕派と薩長の対立を忠臣蔵で表したもの、くじ引き会場で会津が一等を取るように願うもの、会津が薩長を追い払う様子を描いたものなどが発行され、江戸だけで30万部も売れたという。

▼新政府軍の横暴に非難囂々

江戸庶民が旧幕派を応援したのは、**新政府軍の横暴に嫌気が差していた**からだ。薩摩は幕府を挑発するため江戸庶民を襲い、幕府寄りの商屋を焼き討ちにしていた。江戸開城後も略奪や暴行は終わらず、庶民の間では不安が広がる一方だった。

江戸庶民の証言を集めた『戊辰物語』にも、「つまらない言いがかりでよく町人を斬った」「吉原ではひどく嫌われた」「薩摩藩邸は追い払われたのに強盗が未だ出没する」など、**新政府軍の横暴を伝える証言が数多い**。

『戊辰物語』は昭和3年（1928）から始まった東京日日新聞の連載記事をまとめた本であるため、証言が脚色されている可能性は否めない。だが、インタビューを受けた人々の生々しい声からは、新政府をどう思っているかがわかって興味深い。

しかし、この江戸以上に新政府に不満を抱いていた地域がある。戊辰戦争の舞台となって荒廃した東北地方だ。なかでも会津は、新政府の兵によって村々が略奪・放火の被害に遭い、婦女暴行も相次いだといわれており、現在でも薩長への反発心は残っている。

明治新政府の船出は、決して万民から祝福されたものではなかったのである。

ロウソク屋の会津藩が悪徳客の薩摩藩を追い払っている風刺画。ロウソクは会津藩の産業として有名で、幕末の風刺画に会津の象徴としてよく描かれた（『徳用奥羽屋（部分）』国会図書館所蔵）

新政府軍と旧幕軍の戦いを子どもの喧嘩に見立てた錦絵（『子供遊端午のにぎわい（部分）』国会図書館所蔵）

現在の山形県新庄市にあった新庄城が炎上する場面（『戊辰戦争絵巻（部分）』鶴岡市致道博物館所蔵、© 新庄市）。戊辰戦争によって市街地もろとも焼失した

33 一揆や打ちこわしに関するウソ

通説 百姓一揆や打ちこわしは無秩序だった

真相 幕末の一揆は秩序あるデモ活動だった

▼農民流のデモ活動

藩や幕府の役人が理不尽な仕打ちを押し付けようとしたとき、農民は武器を持って抵抗した。いわゆる「一揆《いっき》」や「打ちこわし」である。

竹槍や農具で武装した農民たちが、役人の邸宅や代官所などに大挙して押し寄せ、襲撃する。時代劇などの百姓一揆は、このような無秩序な暴動の一種として描かれるのが定番だった。

確かに戦国の世の空気が残る江戸時代初期では、一揆勢が暴徒化し、破壊行為に走ることもあった。しかし江戸中期頃からの一揆は、暴力的な行為を慎む傾向が強く、**幕末までには秩序立った抗議活動に変わっていた**。江戸時代の一揆は、農民が支配層に自分たちの要求を訴える集団直訴だったからだ。幕府や大名の支配から脱却する意図はなく、年貢の緩和や役人の交代を求める組織的な行動だったのだ。

江戸時代中期から増えたのは、大勢で領主・役人の屋敷に押し寄せる「惣百姓《そうびゃくしょう》一揆」である。農民は農具や旗を手にしていたが、これはあくまで「自分たちは農民である」というアピールだった。

秀吉の刀狩の影響で農民は大した武器を持っていないと思われがちだが、実際には刀は免許制になっただけで、農民はその気になれば武器を持つことができた。狩猟用の鉄砲を持つ者もいたため、本当に襲撃する気があったなら、これらの武器をもって役所へ向かったはずだが、**殺傷行為は固く禁じられていた**。略奪や放火も許されず、違反者は農民であっても厳しく処罰されている。実際、天保11年（1840）の「庄内藩三方領《さんぽうりょう》地替《ちがえ》反対一揆」において、盗みを働いた百姓が仲間たちから生き埋めにされかけたという話が残っている。

幕府は徒党を組むことを禁じていたため、暴力的でなくとも一揆の首謀者は後日に捕縛された。だが、**農民の要求は受け入れられることが大半だった**。農民から徴集する年貢が幕府や藩の財源だったため、彼らの訴願を無視すれば、逃散や武力蜂起などに走るおそれもあった。そのため支配層は、農民の要求に応えざるをえなかったのである。

天保の大飢饉の際、救小屋と呼ばれる施設で保護を受ける人々を描いた絵画（渡辺崋山『荒歳流民救恤図』国会図書館所蔵）。この飢饉をきっかけに、甲州一揆や大塩平八郎の乱など、諸国で大規模な騒動が発生した

▼打ちこわしは丁寧な狼藉？

同様のことは打ちこわしにも言える。商家への襲撃と聞くと過激な印象を受けてしまうが、実質は悪徳商人に対する抗議活動である。一揆と同じく、無差別破壊にならないためのルールがあった。

まず、ターゲットは米価を不当に吊り上げるような商家である。襲撃前に店を包囲して改善を迫るが、それでも応じなければ店を襲撃した。といっても、商人や従業員は傷つけず、略奪行為は禁止された。町が全焼しかねない放火も厳禁である。家具や商売道具を破壊し、米を路上投棄することで、商家への抗議としていたのだ。

天明7年（1787）に全国規模で発生した「天明の打ちこわし」では、江戸だけでも500件以上の商家が打ちこわしの被害に遭ったが、略奪や暴行はかなり少なく、幕府側には「**丁寧で礼儀正しい狼藉だった**」と評価する者もいたという。

一揆は江戸時代で最低約3000件、打ちこわしは400件以上起きたといわれ、多くが享保年間（1716〜1736年）直前から幕末期に集中している。幕府の改革と年貢増額が本格化した時代なので、それらに対する農民の反発も高まったのだろう。

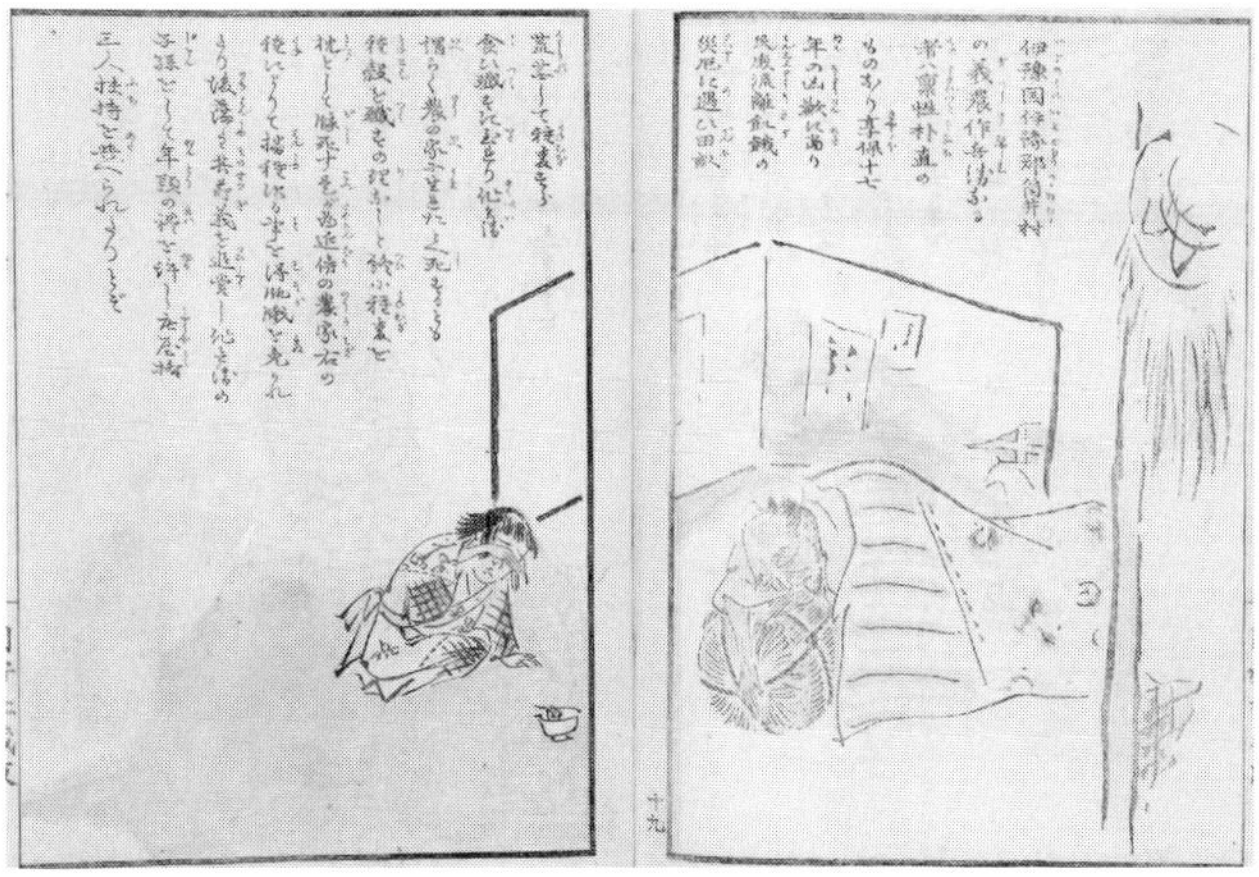

江戸の飢饉の惨状を伝える書籍（『凶荒図録』国立公文書館所蔵）。飢饉などで生活が苦しくなると、農民は一揆によって減税などを要求した

34 ええじゃないかに関するウソ

通説 「ええじゃないか」は自然に発生した

真相 薩長の人間が人々を扇動した可能性も

▼黒幕が扇動した庶民の騒乱

慶応3年（1867）の8月から12月にかけて、東海地方から中国・四国地方で「天から御札が舞い降りてくる」との噂が広まった。噂を聞きつけた人々はこれを慶事の前触れとばかりに「ええじゃないか」と囃し声を連呼しながら踊りまわり、町中を熱狂的にめぐった。有名な「ええじゃないか騒動」である。

この奇妙な現象は、地震や飢饉といった天災、開国による物価の高騰、そして佐幕派と倒幕派の抗争という社会の混乱に不安を感じた人々が、現実から目をそらそうとして自然発生的に起きた集団ヒステリーだと考えられてきた。精神的なストレスが爆発し、小さな騒ぎから大きな騒動へと発展したという考え方だ。

確かに、江戸時代末期は大地震が相次ぎ、開国をきっかけに物価が高騰していた。物質的にも精神的にも、庶民は不安を抱えて生きていた時代だ。

そんなときに「天からありがたい御札が舞い降りる」と噂が広まれば、つい浮かれて騒ぎが大きくなってしまっても、無理はないかもしれない。

だが近年では、**扇動者による影響**も無視できないという意見が出ている。一カ所だけならともかく、複数の地域で御札がばらまかれたのであれば、裏で誰かが手を引いていたと考えたほうが自然である。人々をあおった黒幕は誰か？　指摘されるのが**薩長の人間**だ。**世情不安を煽るために倒幕派が札をまき散らし、庶民のパニックを誘導したというのだ。**

初めて御札がまかれたのは、慶応3年

（1867）8月頃。大政奉還の2カ月前だ。そしてその騒乱は、岩倉具視の伝記『岩倉公実記』によると、12月9日に王政復古の大号令発令と同時に止んだという。いかに社会が混乱していたとはいえ、庶民の熱狂が時勢の影響をここまで素直に受けるだろうか。

　また「ええじゃないか」の歌詞には、**「長州さんのお上り、ええじゃないか、長と薩摩とええじゃないか、一緒になってええじゃないか」**というものもある。長州と薩摩を肯定的に捉えているといっていい。薩長にとって都合のいい掛け声が、たまたまあがったといえるのだろうか。

ええじゃないかの様子（『絵暦貼込帳』国会図書館所蔵）

▼目撃者の証言

　明治時代に作家・ジャーナリストとして活躍した福地源一郎は、自著『懐往事談《かいおうじだん》』でこの騒動に薩摩などの関与があったと記している。

　11月末、幕臣だった福地は公用で兵庫に赴いたとき、西宮でええじゃないかに巻き込まれた。このとき、薩摩の武士らしい一味や浪人が通った後、札が降ってきてええじゃないかが始まった、という話を聞いたという。

　倒幕派による扇動だという物的な証拠はないが、福地の考えはあながち空論だとは言い難い。

　福地が西宮に到着した頃は、長州藩兵が倒幕の機会をうかがって西宮の近くの打出浜に上陸し、薩摩や安芸の兵も上洛の機会をうかがっていた。だが、大坂に集結している幕府軍には数で劣り、正攻法での突破は難しかった。こうした状況を打破するために**庶民の騒乱を隠れ蓑《みの》にし、挙兵するタイミングを探っていたのではないか**。そんな風に考えることも可能である。

　いずれにせよ、幕末の社会不安の中で、どうしようもない思いを抱えていた人々がいたことは確かである。

参拝客で賑わう伊勢神宮の様子。江戸時代には神の御札が降ったという噂がたち、周期的に伊勢参詣が流行した（歌川広重『伊勢参宮略図』国会図書館所蔵）

※本書は、弊社刊行の以下の書籍をもとに作成しました。
『最新研究でここまでわかった　幕末　通説のウソ』
『最新研究でここまでわかった　日本史　通説のウソ』
『最新研究でここまでわかった　天皇家　通説のウソ』
『最新研究でここまでわかった　日本の戦争史　通説のウソ』

見出し画像図版出典
国会図書館所蔵書籍掲載の写真：p18（近藤勇）、p20（桂小五郎）、p22（西郷隆盛）、p26（徳川慶喜）、p34（高杉晋作）、p48（大村益次郎）、p52（河井継之助）、p54（松平容保）、p60（『東都名所お茶の水之図』）、p66（西周）、p68（渋沢栄一）、p70（徳川慶喜）、p72（土方歳三）、p74（『日本風俗図絵』）、p78（『絵暦貼込帳』）
東京大学史料編纂所所蔵肖像画模本：p16（吉田松陰）、p38（徳川家茂）

図解 **幕末 通説のウソ**

2022年11月22日　第一刷

編　者　日本史の謎検証委員会

製　作　オフィステイクオー

発行人　山田有司

発行所　〒170-0005
株式会社　彩図社
東京都豊島区南大塚3-24-4
MTビル
TEL：03-5985-8213　FAX：03-5985-8224

印刷所　シナノ印刷株式会社

URL https://www.saiz.co.jp　https://twitter.com/saiz_sha

ISBN978-4-8013-0630-1 C0021